Hilmar Klute
Wir Ausgebrannten

Hilmar Klute

WIR AUSGEBRANNTEN

Vom neuen Trend,
erschöpft zu sein

Diederichs

Für Amalia

Verlagsgruppe Random House FSC-DEU-0100
Das für dieses Buch verwendete FSC®-zertifizierte Papier
Classic 95 liefert Stora Enso, Finnland.

© 2012 Diederichs Verlag, München,
in der Verlagsgruppe Random House GmbH
Umschlaggestaltung: Weiss | Werkstatt | München
unter Verwendung eines Motivs © plainpicture/Sabine Schründer
Druck und Bindung: GGP Media GmbH, Pößneck
Printed in Germany
ISBN 978-3-424-35081-4

www.diederichs-verlag.de

INHALTSVERZEICHNIS

VOLKSKRANKHEIT BURNOUT

Kaum ein Thema jenseits der Weltpolitik hat die Deutschen in den vergangenen zwei Jahren dermaßen beschäftigt wie das Burnout-Syndrom. Jedes deutsche Magazin, jede Tages- und Wochenzeitung widmet sich ausgiebig dem Thema, die Talkshows laden Experten und Betroffene ein und in den Internetforen tauschen sich Ausgebrannte und potenzielle Kandidaten für ein Burnout über ihre Erfahrungen aus. Es scheint so, als sei Burnout die Krankheit des digitalen Zeitalters, wenn man überhaupt von einer Krankheit reden möchte, denn in der Medizin gibt es Burnout als klinischen Begriff nicht. Trotzdem ist die Botschaft eindeutig: Der Mensch geht an seine körperlichen und seelischen Grenzen respektive er wird dorthin getrieben, vom Arbeitgeber, von der Familie und den Anforderungen, die das viel zu komplexe Leben an ihn stellt. Dass Menschen zu viel arbeiten und infolge ihrer Arbeit Erschöpfungszustände erleben, das hat es immer schon gegeben. Aber die Burnout-Debatte zeigt, dass der große Erschöpfungszustand das Ausmaß einer Epidemie angenommen hat. In den Wirtschaftsbilanzen kommt er als Verlustziffer vor, und wer in der Welt der Prominenz etwas auf sich hält, weiß sich mit seiner ganz persönlichen Erschöpfungsgeschichte zu präsentieren.

Der Koch Tim Mälzer, der Fußballtrainer Ralf Rangnick und der Schriftsteller Frank Schätzing sind mit ihrer Burnout-Geschichte an die Öffentlichkeit getreten, die Medienwissenschaftlerin Miriam Meckel hat ihre Erfahrungen mit dem Ausgebranntsein in einem Buch geschildert. Der Tenor all dieser Geschichten ist einheitlich: Die Gesellschaft und ihre Anforderungen treiben den Menschen in die Überkonditionierung, man muss immer besser werden und es allen recht machen, der Firma, dem Chef, der Familie. Weil aber die Kräfte des Menschen begrenzt sind, kommt es früher oder später zur totalen Erschöpfung.

Seit längerer Zeit wird das Thema Burnout mit großer Entschiedenheit und Ernsthaftigkeit rauf und runter erzählt. Fallgeschichte löst Fallgeschichte ab, die immer gleichen Deutungsmuster werden immer wieder angebracht und die Zahl der Experten und Therapeuten, die gegen das Burnout-Syndrom zu Felde rücken, ist Legion. Dass es mittlerweile einen Überdruss an Erschöpfungsberichten gibt, eine Art Burnout-Burnout, lassen die, leider noch sehr wenigen und verhaltenen, Stimmen ahnen, die fordern: Lasst uns in Ruhe mit eurem Burnout.

Diesen Stimmen und auch jenen, die einen leisen Zweifel anmelden, dass jeder Überdruss mit der Arbeit und die damit verbundene Müdigkeit in die große Volkskrankheit Burnout münden muss, ist dieser Essay gewidmet. Es soll hier nicht darum gehen, Menschen, die aufgrund persönlicher oder beruflicher Umstände in Unpässlichkeiten geraten, vorzuführen. Es geht vielmehr darum, eine fixe Idee auf ihren negativen Wert hin abzuklopfen und sie mit der Verfasstheit unserer

Gesellschaft abzugleichen, in der Individualismus, Libertinage und Eigensinnigkeit längst keine Tugenden mehr sind. Die großen Abmahner und Tugendwächter, es gibt deren viel zu viele, schreiben uns Tag für Tag vor, wie wir zu leben haben. Sie verbieten uns das Rauchen, das Trinken und heben mahnend den Finger, wenn wir ein Flugzeug besteigen oder eine Birne in die Fassung drehen, die nicht als energiesparend zertifiziert ist. Unser Burnout oder das, was wir damit bezeichnen, ist auch die fiebrige Reaktion auf zu viel Reglementierung. Mittlerweile wird der Begriff sogar auf die Weltpolitik angewendet, wenn es darum geht zu beschreiben, wie die Kraftressourcen der Politik und der Wirtschaft zur Neige gehen und Menschen immer weniger Vertrauen in die Fähigkeiten ihrer Entscheidungsträger setzen.

Wenn in der Öffentlichkeit über Burnout geredet oder geschrieben wird, so geschieht dies fast durchgehend affirmativ. Fragen werden selten gestellt, jedenfalls solche nach der Eigenverantwortung, die jedem Menschen nun einmal obliegt. Sollte ein erwachsener Mensch im frühen 21. Jahrhundert nicht wissen, wie man sein Leben und seine Arbeit dergestalt ausrichtet, dass sie einander bedingen und nicht behindern? Muss jeder, der am Sinn seines Tuns zweifelt, der einmal nicht mehr weiterweiß, sofort als kranker Mensch gelten, der in eine Spezialklinik gehört? Und ist Burnout nicht vielleicht auch eine probate und gewinnträchtige Erfindung für eine Gesellschaft, die sich zunehmend als therapeutisch definiert und die für jede Unpässlichkeit eine passende Krankheit bereithält, für die es auch umgehend eine Heilmethode gibt? Und schließlich: Sind wir aufgeklärte Bürger nicht auch in der Pflicht, für unser Wohlergehen selbst Sorge zu tragen und die reichlich kurze Zeit hienieden mit Würde und Sinn zu füllen und diese Würde und diesen Sinn sogar selbst zu definieren?

Diese und verwandte Fragen will dieser Essay stellen und so gut es geht beantworten. Er will auch für das Wagnis werben, die eine oder andere Expertenmeinung getrost in den Wind zu schlagen, die gehobenen Zeigefinger der Abmahner und Tugendwächter nach hinten zu knicken und die Koordinaten für ein gutes, kluges und vergnügliches Leben selbst zu suchen. Man muss kein nerviger Emphatiker sein, um zu finden, dass selbst unsere hochgetunte Effektivgesellschaft der Ausgestaltung jenes guten, klugen und vergnüglichen Lebens genug Platz einräumt. Dass wir uns den Anspruch auf diesen Platz nicht nehmen lassen, auch dafür wirbt dieser Essay. Und weil er im Ton und in der Haltung der Polemik verfasst ist, sieht er sich nicht verpflichtet, dem Genüge zu tun, was man gemeinhin »politische Korrektheit« nennt.

DIE LUST AN
DER ERSCHÖPFUNG

Alle Nase lang entdecken wir Deutschen ein neues Leiden für
uns, mit dem sich fabelhaft erklären lässt, warum wir mit
dem Leben und seinen Begleiterscheinungen schon von Haus
aus nicht klarkommen können. Dieses Leiden pflegen wir
dann wie eine Stubenkatze und stellen es umstandslos unter
unseren Schutz. Eine Zeit lang fanden wir es etwa hilfreich,
vor allem und jedem Angst zu haben. Angst vor dem sozialen
Abstieg, vor dem militanten Islam, vor Google Street View,
vorm Klimawandel und vor Gurken, in denen das Ehec-Virus
hockt und mit geifernder roter Zunge auf die Gelegenheit
wartet, möglichst viele von uns niederzustrecken. All diese
Ängste haben sich nicht erfüllt, der militante Islam hat an Mi-
litanz verloren, Google Street View stellt sich als harmloses,
bequemes Instrument zur Vorbesichtigung künftiger Wohn-
adressen heraus, und bei dem Wort »Ehec« müssen wir inzwischen schon bei Wikipedia nachschauen, um uns zu erinnern, was das noch einmal war.

Deutlich schöner und spektakulärer leiden als am äußeren
Weltgeschehen lässt sich, das haben wir vor gut einem Jahr

herausgefunden, am diffusen Gewimmel unseres unbegreiflichen inneren Seelenzoos. Deshalb ist unser jüngstes Lieblingstierchen die totale Erschöpfung, das Phänomen also, morgens aufzuwachen und den Kopf voll mit Selbstzweifeln vorzufinden; das bohrende Gefühl, den täglichen Anforderungen nicht mehr zu genügen; eine erregende Orientierungslosigkeit, die uns plötzlich in den Zustand des Nicht-mehr-weiter-Könnens versetzt. Es ist das Phänomen, nach einem anstrengenden Arbeitstag eine beunruhigende Müdigkeit zu verspüren, die so weit geht, dass man es am Abend nicht mehr zustande kriegt, ein Buch zu lesen oder dem Verlauf eines Fernsehfilms zu folgen. Wer eines oder gleich mehrere dieser Symptome – ja, es sind unbedingt immer Symptome, darunter machen wir es nicht – an sich ausmacht, der sollte ohne Umschweife einen Arzt konsultieren. Der Arzt nimmt ihn dann für die nächsten drei Monate einfach mal raus aus dem täglichen Guantánamo, das unser Büro nun einmal ist, und lässt ihn in einer professionellen Mindfulness-Based Stress Reduction zu neuer Blüte kommen.

Wer diesen großen Rausch, wer die geradezu promiskuitive Lust an der totalen Erschöpfung anschaut, gewinnt den Eindruck, wir Deutschen wollten nach all den Jahren des Fleißes endlich unser Recht am Burnout einklagen. Wir haben ja auch ungeheuer viel Arbeit in unser Gemeinwohl investiert. Nach dem Krieg haben wir nicht nur unsere zerbombten Städte mit einer sensibel ausgefeilten Wiederaufbau-Architektur gesegnet, sondern auch noch ein Wirtschaftswunder hingelegt, das unsere europäischen Nachbarn zu augenreibenden Zeugen des neuen deutschen Wohlstands gemacht hat. Wir haben uns Ende der 60er-Jahre einen gesellschaftlichen Umbruch geleistet, der unsere bis dahin eher theoretisch konfigurierte freie Gesellschaft in eine reale freie Gesellschaft umgemünzt hat mit sexueller Gleichberechtigung und dem Einkassieren diskriminierender Gesetze gegen Frauen und Homosexuelle. Dann fingen wir an, uns an unserer elenden Vergangenheit abzurackern, die Auschwitz-Prozesse, der Treblinka-Prozess und die mit ihnen einhergehende schonungslose Aufarbeitung der NS-Zeit kostete uns Kraft und Reue. Wir besiegten den RAF-Terror, überwanden das Wettrüsten und die deutsche Teilung, wir begrüßten die Ostdeutschen mit ausgestreckter Hand und Solidarbeiträgen; dann ließen wir uns die Sozialsysteme umpflügen, drückten die überdimensionale Arbeitslosigkeit auf ein relativ erträgliches Maß herunter und glitten nebenbei fast unmerklich in ein neues Zeitalter der medialen Ubiquität, der ständigen Erreichbarkeit sowie der komplexen und raschen Wissensaneignung durch das Internet. Wenn wir am Anfang dieses neuen Zeitalters sagten, wir seien »online«, meinten wir, dass wir gerade den Computer eingeschaltet haben und neugierig tastend im wunderbaren Netz unterwegs sind. Heute beschreiben wir mit dem Wort online einen permanenten Lebensstil, der so selbstverständlich geworden ist wie der aufrechte Gang, den wir sogar noch epikureisch verfeinert haben, indem wir im Laufen den Kaffee aus Pappbechern saugen. Wenn wir auf der Straße nach dem Weg gefragt werden, schauen wir uns nicht mehr suchend nach allen Seiten um, sondern ziehen den BlackBerry aus der Tasche und geben die topografischen Koordinaten ein, welche den Fragenden im Handumdrehen zur Kunsthalle gelangen lassen. Zum Ziel kommt man per Auto nicht mehr dergestalt, dass der Beifahrer sein Fenster runterkurbelt und die Mutti am Gehsteig fragt, wo die Mehrzweckhalle steht. Die Mehrzweckhalle wird einfach in das

GPS eingegeben, es reicht zumeist schon »Mehrzw« einzutippen, dann springt das richtige Wort als Vorschlag aufs Display.

All diese Errungenschaften sollen eigentlich der Erleichterung unseres Alltagslebens dienen. Und im Grunde tun sie das auch. Denn sie ersparen uns Zeit, mühsames Herumfragen, aufwendiges Kartenstudium und Wortemachen. Und doch muss in all diesen digitalen Segnungen ein kleiner Teufel wohnen, der uns immer wieder ins Ohr souffliert: Was du gerade tust, hat nichts mit *convenience* zu tun, es ist *hard work*, du bist immer im Dienst, weil deine Bequemlichkeitshilfsmittel gleichzeitig deine Arbeitsinstrumente sind. Mit dem Black-Berry kannst du zwar abends um neun zur Bar am Lützowplatz finden, aber wenn du Pech hast, ruft dich, kaum stehst du an der langen Theke, dein Chef auf dem gleichen Black-Berry an, um noch einmal den morgigen Workflow anzudenken. Alle menschlichen Tätigkeiten in der Spätmoderne, argumentiert der Philosoph Byung-Chul Han in seinem Essay über die *Müdigkeitsgesellschaft*, sinken auf das Niveau des Arbeitens ab. Han spricht von uns als dem *animal laborans*, dem in der Arbeit aufgehenden Menschen, und er sagt, dass dieser »mit dem Ego bis knapp zum Zerreißen« ausgestattet sei.

Es ist exakt dieses überdimensionierte Ich, das uns selbst unsere Erschöpfungszustände zu Arbeitsleistungen hochstilisieren lässt. Das Burnout-Syndrom ist ein gigantischer negativer Egotrip, auf dem wir mit dem ironiefreien Eifer der Leistungsträger unterwegs sind. Es ist unsere große edle Wunde, das Stigma derer, die sich bis in den Schlaf hinein für dieses Land und sein Fortkommen krumm machen. Aber unsere Bemühungen werden ja nicht gewürdigt, sondern mit immer mehr Erwartungen und Aufträgen belohnt respektive sanktioniert. Denn wenn wir es endlich in das Burnout geschafft haben, fängt die Arbeit erst richtig an. Dann müssen wir unsere Kohlehydrate reduzieren, unser Schlafverhalten neu regulieren und an uns arbeiten wie Steinmetze an der Apollo-Statue. Und wehe, es macht sich einer lustig über unser hart erarbeitetes Erschöpfungsgeschenk wie der Kölner Komiker Johann König mit seinem Burnout-Song. Darin heißt es: »Burnout ist eine Volkskrankheit, also eine Krankheit des Volkes, also unsere Krankheit. Jeder von uns hat das Recht auf Burnout, und ganz wichtig: Mit Burnout ist nicht zu spaßen.« Wie recht der Mann besonders mit seiner abschließenden Mahnung hatte, konnte er bald darauf in den Kommentaren im Internet nachlesen. Wer nämlich wie Johann König seinen Schabernack mit Burnout treibt, findet sich auf dem »Gipfel der Geschmacklosigkeit« wieder, hat zudem die »Grenze der Zumutbarkeit« mindestens erreicht, und humoraffine Menschen, die über den milden Spott lachen, sind »willfährige Claqueure«, die nicht den Mut haben, »dem Tabubruch die Stirn zu bieten«.

Tabubruch – eine Nummer kleiner geht es nicht? Natürlich nicht, denn die Opfer der großen Erschöpfungsleistung Burnout mahnen uns, die wir noch brennen oder zumindest ein bisschen glimmen. Sie mahnen uns vor den Zumutungen der spätmodernen Arbeitswelt. Wenn wir uns den Betroffenen nähern, dann möglichst betreten und leicht gebeugt; wir wissen ja nicht, ob wir ihnen noch weiter schaden könnten, wenn wir sie falsch anreden, denn ihr Leiden erscheint uns gleichermaßen einleuchtend wie befremdlich. Und dass er von den Erfahrungen ausgesuchter Prominenter veredelt wird, lässt uns das Burnout-Syndrom noch begehrenswerter erscheinen. Wir fragen uns seltsamerweise nicht, wieso ein

Fernsehkoch, der für sehr viel Geld eine vergleichsweise angenehme Arbeit machen darf, ausgebrannt ist. Wir wundern uns kaum, wenn ein Fußballtrainer, der olympische Summen Geldes nach Hause bringt, nicht mehr weiterkann, weil er aus dem Urlaub unbedingt zu einem Fußballspiel nach London fahren muss; es leuchtet uns sofort ein, dass eine erfolgreiche Professorin uns beichtet, ihr habe sich nach all den Vorlesungen, Medienauftritten und Reisen in ferne Länder irgendwann die Sinnlosigkeit ihres Tuns vor Augen geschoben. Über die Sinnlosigkeit allen Tuns und wie es mit den viel beklagten Selbstzweifeln bestellt ist – dazu später ausführlicher. Die vielen Prominentenburnoutings geben der stolzen Erschöpfung eine Art höhere Weihe und liefern eine vorzügliche Identifikation für alle Ausgebrannten. Die Kommunikationswissenschaftlerin Miriam Meckel hat einen *Brief an mein Leben* in Buchgröße verfasst, in welchem sie eigentlich vor allem beschreibt, wie sie sich eins mit ihrer Arbeit fühlte, bis sie eines Tages den Überblick über Termine, Verpflichtungen und ihren Kräftehaushalt verloren hat:

»Ich musste mittwochabends darüber nachdenken, welche Jeans ich wohl vierzehn Tage später auf einer Party in Berlin würde anziehen wollen und welche Schuhe zu dem grüngrauen Abendkleid passen könnten, das beim Botschaftsempfang am Vorabend erwartet würde. Das Kleid musste auch noch sorgsam verpackt werden, ebenso wie leichte Kleidung für die mehr als 30 Grad in Peking, warme Kleidung für Hamburg und Berlin und so fort.«

Das sind freilich Herausforderungen, denen nur die Allerstärksten von uns gewachsen sind. Aus diesem Text winkt die Grundidee des Ausgebranntseins: Ich bewege mich auf dem allerhöchsten Geschäftsniveau, die Umstände meiner Arbeit sind mörderisch, aber ich bin Kosmopolit, werde unablässig überallhin eingeladen und verfüge über einen sehr guten Geschmack. Irgendwann geht das alles einfach nicht mehr, dann steht die Medienfrau plötzlich eines Morgens im Hotel und weiß nicht, was sie als Erstes tun soll. Sie empfindet ihre Ratlosigkeit als Zusammenbruch und geht in eine Klinik, wo sie aber keineswegs als Häufchen Elend einzieht. Vielmehr residiert sie dort als von den Anforderungen des spätmodernen Lebens geschwächte Leistungsträgerin, die aber den Sinn für die Verfeinerungen des Alltags nicht verloren hat. Sie trinkt köstlichen Tee, nimmt leichte Mahlzeiten ein und führt sublime Gespräche – der »Burnouter« ist ein Erschöpfter mit Stil. Er weiß, wie man auch aus dem Versagen ein Mosaik für die Leistungsbilanz bastelt. Im Grunde ist sein Burnout nichts weiter als ein neues Projekt, auf das es sich vorzubereiten gilt und das sich kommunikativ nutzen lässt – beispielsweise in Gestalt eines autobiografischen Berichts.

Die Philosophie der Läuterung, die auch in Meckels Buch Anwendung findet, geht mit einer schmallippigen Anklage an die gnadenlose Gesellschaft einher, die angeblich nur den leistungsbereiten Menschen akzeptiere, während das »Denken, Fühlen, Zweifeln, das zum Menschen gehört, all das in dieser Leistungsgesellschaft größtenteils verschüttet« sei. Bei allem Respekt für die Analyseleistung der Ausgebrannten: Das ist ein ziemlicher Kokolores. Es wurde zu keiner Zeit in unserer Gesellschaft so viel gedacht, gefühlt und gezweifelt. Die Zweifelkultur ist ja sogar in die Firmenphilosophien eingegangen und Sensibilität eine mittlerweile fast inflationär eingeforderte Kulturtechnik. Nein, mit diesen faden Schuldzuweisungen mögen uns die Ausgebrannten bitte nicht kommen. Denn wäre die Gesellschaft dem Fühlen, Denken und

Zweifeln so abhold, hätte das Thema Burnout sicher nicht die Chance gehabt, dermaßen populär zu werden. Die große Erschöpfung wanderte durch die Magazine, Tages- und Wochenzeitungen wie ein großer Flüchtlingstreck. *Der Spiegel* machte das Burnout-Syndrom gleich drei Mal zum Titel, sodass sogar bereits intern gemutmaßt wurde, dass die Ausbrennung sogar den Dauerbrenner Hitler als Titelthema für alle Zeit verdrängt haben könnte. Immer wieder werden die gleichen Fälle erzählt, Menschen, die eines Tages nicht mehr wissen, ob sie zuerst Cappuccino trinken sollen und dann die Mails lesen, und am Ende nicht mehr sicher sind, ob man die Mails trinkt oder den Cappuccino weiterleitet. Dann kümmern sich speziell für das Burnout-Syndrom ausgebildete Ärzte um diese Menschen, sie werden in Kliniken auf sich selbst zurückgeworfen und kommen am Ende als geläuterte Purgatoriumsabsolventen milde und stark an ihren Arbeitsplatz zurück. Ein bisschen erinnern die Fallbeispiele an die Struktur des mittelalterlichen Heldenepos. Der Ritter muss Aventiure suchen, eine Krise bestehen und kommt am Ende an die Tafelrunde. Im Burnout-Abenteuerroman wird gearbeitet, bis es nicht mehr geht, dann kommt der große Zusammenbruch und schließlich die Erkenntnis, dass man auch ganz anders leben kann – bewusster, selbstgerechter und noch eine Spur egozentrischer, denn nun hatte man einmal Burnout und wird jedes Signal seines Körpers im Auge behalten.

Und man wird denen, die noch immer einigermaßen gefestigt durchs Leben gehen, mit einer ungesunden Skepsis begegnen, denn ihnen dürfte es ja wohl ganz gehörig an Leidenschaft fehlen, wenn sie nach drei Jahren Berufstätigkeit nicht auf allen vieren zum Arzt kriechen und ihm ihre ausgekokelten Seelen auf die Couch legen.

Aber muss man den Ausgebrannten wirklich allüberall und stets mit gesenkten Lidern begegnen? Muss man ihnen wirklich grundsätzlich konzedieren, dass sie arme Hunde sind, denen die Gesellschaft mit ihrem Kapitalismuszwang und dem gnadenlosen Konsum- und Statusterror den Garaus gemacht hat? Vielleicht sollte man ihnen einfach mal erklären, was das Leben eigentlich ist. Was es hier bedeutet in diesem satten Land und wie es in anderen Ländern darum bestellt ist – zum Beispiel im Kampf um einen Teller Reis oder einen Eimer Wasser? Und man kann ihnen ruhig einmal erläutern, dass zur Lebensführung auch eine gewisse Klugheit gehört und die Fertigkeit, die Arbeit als Arbeit zu betrachten und nicht als Gegner, der uns am Ende eines großen Leistungstages in den wohlverdienten Burnout schleudert.

Natürlich kommt eine Polemik über Burnout nicht ohne einen kleinen Exkurs über die Geschichte des Begriffs und seine Verwendung aus. Und sie kann ihre Wirkung auch nicht entfalten, wenn man auf folgende Klarstellung verzichtet: Es gibt in der Tat Menschen, die mit ihrer Arbeit und von den Forderungen, die an sie gestellt werden, dermaßen überwältigt sind, dass sie krank davon werden. Das gilt in hohem Maße für solche Frauen und Männer, die in Pflegeberufen arbeiten oder in Branchen, in denen Schichten geschoben werden, meistens mehr, als ein Mensch ertragen kann. Allerdings tragen diese Menschen den Burnout-Wimpel eher nicht in der Hand, gehen diese Menschen nicht in teure Kliniken, sondern sitzen hilf- und ratlos wochenlang zu Hause, ohne dass ihnen wirkliche Zuwendung zuteilwird. Aber wann las man in einem Magazin Geschichten von Altenpflegern oder von Helfern in Suchtkliniken, die an Burnout leiden? Sie sind nicht die Klientel, über die man bei diesem Thema schreibt, weil sie nicht glamourös genug sind. Möglicherweise ist auch die Fallhöhe nicht groß genug. Denn ein Manager, dessen zweite Natur es über Jahre hinweg gewesen ist, unangreifbar und unverwundbar zu sein, der plötzlich mit dem Schicksalsschlag Burnout geschlagen wird, macht allemal deutlich mehr her.

Der Psychiater Herbert Freudenberger hat 1974 die Arbeitsbelastung von freiwilligen Helfern in einer New Yorker Drogenklinik untersucht und in einer Studie zum ersten Mal das Verb *burned out* gebraucht, um die Erschöpfungszustände des Personals zu beschreiben. Später gingen Arbeitsforscher und Psychologen daran, den Begriff zu pathologisieren, also eine Art Berufskrankheit mit ihm zu bezeichnen. Das misslang, weil die Zustände, die das Wort »Burnout« bündeln soll, nämlich anhaltende Erschöpfung und das schmerzhafte Erleben von Misserfolgen, keine seelischen Erkrankungen darstellen. Bei Menschen, denen eine bestimmte Disposition zukommt, die also aufgrund ihrer Persönlichkeit prädestiniert für psychische Krankheiten sind, können solcherlei Erschöpfungszustände zu Depressionen führen, die ja nun wirklich ernst zu nehmende Erkrankungen sind. Der Psychiater Markus R. Pawelzik gab in einem lesenswerten Aufsatz im *Merkur* seiner Verwunderung über die magische Anziehungskraft des Lockworts »Burnout« Ausdruck: »Wenn ich einen Vortrag über die häufigste psychische Störung, die Depression, halte, kommen im schönen Münster etwa fünfzig Zuhörer; wenn ich hingegen inhaltlich Ähnliches zum Thema Burnout vorzutragen ankündige, kommen fünfhundert.«

Unter der großen Burnout-Flagge kommen die Menschen gerne zusammen, weil sie hier über ein Leiden reden können, dem nichts Peinliches mehr anhaftet. Das Peinliche am

Burnout ist von Anfang an weggeredet worden. Eine Depression hat immer noch den Geruch des Krankhaften an sich. Depressive Menschen müssen irgendwie schwache Menschen sein, denkt man. Sie sind dem Leben an sich nicht gewachsen, in ihrem Innern spielen sich undurchsichtige Schauspiele der Angst und des Zweifelns an sich selbst und am Dasein ab. Sie laufen Gefahr, lebensmüde zu werden, und müssen, wenn sie Stunden der Heiterkeit erleben möchten, starke Medikamente zu sich nehmen. In der Depression ist der einsame Mensch zu Hause. Im Burnout versammeln wir uns alle. Das Burnout ist die große öffentliche Seelenwanderung 2.0. Die erste Krankheit, die nicht schamhaft verschwiegen wird, sondern über die alle reden, schreiben und filmen wollen. Endlich haben wir eine Krankheit als Metapher, endlich haben wir zur Leistung die relativ schicke Ohnmacht. Endlich können wir das Elend unserer hochgetunten Effektivitätsgesellschaft in Symptomen ausdrücken. Irgendwann hat irgendjemand den großen Alarmknopf gedrückt, und jetzt ist Burnout die Epidemie, die jeden treffen kann, vor der sich aber niemand so richtig zu fürchten braucht. Denn wegen Burnout muss man nicht operiert werden, man wird nicht bestrahlt, man unterzieht sich keiner Chemotherapie und man stirbt im Allgemeinen auch nicht daran. Über Burnout wird nur immerzu geredet, er ist ein allgemeines Krankheitsbild, kein wirklich persönliches. Wie könnte er denn auch, denn die Fallgeschichten sind alle irgendwie gleich oder ähnlich. Im Schicksal der anderen erkennen wir unser eigenes, wenn auch oft nur potenzielles Schicksal. Jeder Fall ist ähnlich und jeder Fall geht ähnlich aus – nämlich mit einem Happy End, einer Läuterung, einem Heilsversprechen. Am Anfang steht die Verwirrung, die Ahnung, dass etwas nicht stimmt, obwohl die Umstände im Leben des Betreffenden günstig bis blendend sind. Der Job ist sehr gut bezahlt, die Familie intakt, der Freundeskreis stimmt. Aber da ist dieses Fiepen im Ohr, der Befiepte geht zum Arzt, bleibt ein, zwei Tage zu Hause. Und als er am dritten Tag ins Büro zurückkehrt, kennt er sich nicht mehr aus. Er öffnet seinen E-Mail-Account und findet 20 Nachrichten, wie üblich. Aber an diesem Tag vermag er die Nachrichten nicht zu öffnen. Ein unerklärbarer Ekel übermannt ihn, er klappt das Notebook zu und verlässt die Firma. Er geht zu einem anderen Arzt, der hat die Diagnose parat, Burnout mit allem, was dazugehört, und ab geht es in die Therapie.

In der öffentlichen Berichterstattung finden sich diese Fallbeschreibungen zuhauf wieder, und sie werden angereichert durch Expertenbefragungen aller Art. Psychologen, Soziologen und Hirnforscher – jeder hat zur Diagnose Burnout etwas beizusteuern, denn dass man nicht genau weiß, was Burnout eigentlich ist, macht ihn zur Beute der Experten aller Couleur. Manchmal könnte man den Eindruck gewinnen, dass wir am Burnout unser ziviles Leben deuten, so wie die Auguren einstmals die Verfasstheit der Welt aus den Innereien der Vögel lasen. Das Burnout-Syndrom ist eine freundliche Handreichung unserer Gesellschaft, die sich selbst als menschenfeindlich begreift, als unzumutbar und in weiten Teilen mörderisch, zumindest schädlich für das Wohlbefinden. Niemand muss mehr selbst schuld sein an seinem Zusammenbruch. Niemandem muss der Vorwurf gemacht werden, er habe nicht vernünftig mit seinen Kräften gehaushaltet. Die erlösende Nachricht lautet: Das furchterregende und unüberschaubare Zusammenwirken der Triebkräfte unserer Gesellschaft macht dem einzelnen arbeitenden Menschen den Garaus. Wir kennen uns nicht aus? Wir können uns ja gar nicht auskennen, so kompliziert, wie alles geworden ist. Und im nächsten Schritt: Wir dürfen uns auch nicht auskennen, denn schließlich sind wir nicht verantwortlich für das, was in unserer Seele geschieht. Mit unserer Seele kennen wir uns nicht aus, genauso wenig wie mit unserem Körper. Wenn wir Rückenschmerzen haben, machen wir eine Karriere als Rückenkranker. Wir marschieren zum Orthopäden, der uns die Diagnose Bandscheibenvorfall schenkt. Wem das Burnout übrigens zu psychelnd erscheint, kann auch den Bandscheibenvorfall als Symptom der Überforderung nehmen. Er ist mittlerweile als körperliche Tangente zum Burnout anerkannt. Wer zu viel schultern muss, hat das Recht, sich für einen Bandscheibenvorfall bewerben zu dürfen. Wenn der Bayer von jemandem lobend behauptet, er habe »etwas im Kreuz«, so meint er damit, dass dieser jemand über besondere Fertigkeiten verfügt, sogenannte Skills, die ihn zu einem unentbehrlichen Mitglied unserer Leistungsgesellschaft machen. Wer möchte einem solchen Kreuzritter verdenken, seine Verdienste hin und wieder mit diesem dumpfen und unmenschlichen Schmerz in der unteren Wirbelsäulengegend zu adeln?

Für unsere Seele, das unbekannte Wesen, stehen ebenfalls sogenannte Experten bereit. Sie behandeln allerdings nicht uns selbst mit unserer Geschichte, unserer Kindheit und den Verwerfungen, die wir erfahren haben. Die Zeiten sind ein bisschen passé, in denen wir uns nach dem Vorbild Woody Allens und seiner New Yorker Upperclass-Freunde einen schönen Nachmittag lang auf eine Liege liegen und einem märtyrerhaft geduldigen Therapeuten die Ereignisse des Tages erzählen durften, um sie in der anschließenden kurzen

Interpretation mit unseren Erfahrungen aus der Kindheit ge-koppelt wieder erzählt zu bekommen.

Die heutigen Psychologen behandeln punktgenau unser Burnout, ein Leiden, das, wäre es ein Tier, dem Therapeuten zahm aus der Hand fressen würde. Denn das Burnout-Syndrom besitzt ja nicht die Wucht der Depression. Hinter ihm steht keine Geschichte, die in einer trüben, womöglich von Misshandlungen durchsetzten Kindheit beginnt und in einer Reihe aufgrund des trüben Erfahrungshorizonts gescheiterter Liebesbeziehungen endet. Hinter ihm steht nur eine relativ überschaubare Ausbrennungsphase in der Firma.

Burnout-Kranke kann man, um es einmal robust auszu-drücken, anfassen, ohne dass man viel kaputt macht. Man weiß, ein Burnouter ist kein wirklich Depressiver, er ist eher noch ambulant im Diesseitigen zu Hause als in der Jenseits-welt der wirklichen Krankheit stationiert. Und weil der Burn-outer so verstehbar und seine Dysfunktion so nachvollziehbar ist, wenden die Betriebe alles Mögliche auf, um dieser Seuche entgegenzuschleudern, was nur geht. Der Vorstand des Volks-wagen-Konzerns trat in der Burnout-Diskussion dergestalt hervor, dass er seine Entscheidungsträger anwies, nach Feier-abend keine E-Mails mehr an jene Mitarbeiter zu versenden, die über ein Smartphone verfügen, 1100 sind das insgesamt bei VW. Natürlich liegt die Würze dieser Mitteilung darin, dass jene Mitarbeiter, die mit einem Firmen-Smartphone be-ehrt wurden, zu den hierarchisch höhergestellten zählen, den klassischen Burnout-Kandidaten also. Der Rest bekommt ohnehin keine E-Mails von der Firmenleitung. Andere Fir-men erklären die Zeit zwischen Weihnachten und Neujahr zur temporalen Tabuzone für den E-Mail-Verkehr. Alles in al-lem sind das freundliche Handreichungen, die nur etwas taugen, wenn man wirklich glaubt, Burnout sei nur eine Folge der ständigen Erreichbarkeit.

Dem Burnout wird mit einem gewaltigen Alarmismus begegnet, so als handle es sich bei ihm um eine Seuche, die uns alle erfassen und niederringen kann. Dabei spielen natürlich auch die errechneten Verluste eine Rolle, mit denen Firmen leben müssen, wenn ein oder gleich mehrere Mitarbeiter mit einem Burnout-Syndrom zu Hause bleiben. Vielleicht fällt die Reaktion der Chefetage deshalb umso wütender aus, wenn ein an Burnout Erkrankter eben nicht zuhause bleibt, sondern an einem Freizeitvergnügen teilnimmt, im Fall einer ausgebrannten Betriebsrätin aus Wuppertal handelte es sich sogar um einen Segeltörn. Den hatte die Frau wahrgenommen, obwohl sie wegen Burnouts krankgeschrieben war. Der Chef fand kein Verständnis für die Suche nach Abwechslung und sprach die Kündigung aus. Die Sache endete später vor dem Landesarbeitsgericht Düsseldorf mit einem Vergleich.

Nein, mit Burnout ist nicht zu spaßen. Wer ihn hat, trägt auch Verantwortung dafür, dass er anständig leidet und sich keine Wege sucht, ein bisschen Freude am Leben zurückzugewinnen. Burnout ist in Deutschland tatsächlich eine Volkskrankheit geworden – eine, für deren Ausbruch man sogar Schuldige finden kann: den Arbeitgeber, der viel zu hohe Anforderungen an seine Mitarbeiter stellt; die Gesellschaft, die verlangt, dass man zu jeder Zeit funktioniert, beruflich wie privat. Und den postmodernen Menschen an sich, der nicht mehr in der Lage ist, auf sich selbst zu achten, der kein Körpergefühl mehr hat und nicht mehr weiß, wie man sich richtig ernährt. Eine Krankheit, die so viele Ursachen hat, muss einfach populär werden.

VERLIEBT IN DIE KRISE

Wer hat uns eigentlich die Anordnung gegeben, dass wir uns in allen Lebensbereichen ständig optimieren müssen? Wer hat uns den Befehl erteilt, uns auf Facebook einzuloggen und in einen Wettkampf um Freundschaften zu treten, so als müssten wir einen neuen Kontinent erobern? Wer hat uns gesagt, dass wir in dieser Gesellschaft nur dann zurande kommen, wenn wir eine glückliche Ehe führen, zwei bis drei Kinder großziehen und gleichzeitig regelmäßigen Sex haben? Niemand hat das. Das machen wir alles aus eigenem Antrieb. Oder aus Angst. Deshalb haben viele von uns das Bedürfnis, in jedem Bereich ihres Lebens als Sieger dazustehen. Und wenn in dunklen Momenten, die eigentlich die hellen Augenblicke unseres Lebens sind, wenn in ihnen also der Selbstzweifel an die Schädeldecke klopft, dann werden die ersten Synapsen ausgeknipst.

Dabei ist doch der Zweifel das schönste Geschenk, das ein gütiger Gott uns Menschen bereitet hat. Was ängstigt uns eigentlich daran, uns abends hinzusetzen und unser ganzes alberne Getue infrage zu stellen? Wir sind Anfang 40 und haben eine wie auch immer geartete Karriere hinter uns gebracht. Wir sitzen in einer der höheren Etagen und werden zu exklusiven Partys eingeladen, auf denen nur Führungskräften Champagner eingeschenkt wird. Dafür arbeiten wir von morgens bis abends mit einer irren Intensität, als hätten wir mit dem Vertrag nicht nur unsere Arbeitskraft, sondern unser ganzes Wohlbefinden verkauft. Wir verdienen gutes Geld. Mit diesem Geld richten wir uns und unserer Familie einen Lebensstil ein, der uns auf eine fatale Weise an den Erfolg bindet. Wir dürfen nicht schlappmachen, weil wir sonst aus der Gemeinschaft der frisch geduschten Highperformer ausgestoßen werden. Der Psychoanalytiker Wolfgang Schmidbauer nennt diesen furchtbesetzten Optimierungswahn einen »Angstkreis des Perfektionismus«. Wie geschichtsvergessen im Hinblick auf die Menschheitshistorie muss man sein, um nicht zu erkennen, dass Mensch und Perfektion sich zueinander verhalten wie Fische zur Vorstandssitzung – sie passen nicht zueinander. »Der Prozess der Leistungssteigerung führt zum Infarkt der Seele«, schreibt Byung-Chul Han.

Was also passt besser zu uns Unvollkommenen als das Eingeständnis, unvollkommen zu sein? Was also steht uns günstiger zu Gesicht als der Zweifel an dem, was wir täglich tun?

Liest man sich die Fallgeschichten der Burnouter durch, gilt ihnen der Zweifel als Eintrittsbillett in den seelischen und sozialen Abgrund. Sobald sich eines Morgens der Zustand einstellt, nicht mehr weiterzukönnen und das Erreichte infrage zu stellen, winkt die Diagnose Burnout wie eine böse alte Deichhexe herüber. Und dann ist man plötzlich Teil einer Gruppe von Auserwählten, mit denen die Gesellschaft bitte schön vorsichtig umgehen möchte, denn sie sind ja schon in doppelter Hinsicht gebrandmarkt: Einmal, weil sie ausgebrannt sind, und dann, weil sie als nicht mehr funktionstüchtig gelten. Was, wenn all diese plötzlich Irritierten einen Moment innehalten würden und sagten: Moment mal, das ist doch mal ein schöner Geistesblitz, der mir gerade ins Power-Point-verseuchte Hirn fährt: Ich stelle alles grundsätzlich infrage. Ich bezweifle, dass wir unsere Gesellschaft wirklich voranbringen, wenn wir uns auf dem Egotrip der Selbstausbeutung zu postmodernen Märtyrern unserer eigenen Erschöpfung machen. Ich bezweifle, dass ich die richtige Entscheidung getroffen habe, einen Beruf anzunehmen, der mir nur Müh und Plage und nicht Selbsterkenntnis, Kontemplation und Erkenntnisgewinn bedeutet. Als junger Mensch habe ich italienische Literaturgeschichte studiert, und was mache ich heute? Insolvenzverwaltung. Wie soll das denn zusammengehen? Und mit diesen Zweifeln gehe ich jetzt mal zu meiner Familie. Ich verklickere meiner zwölfjährigen Tochter, dass ich keine Lust mehr darauf habe, dass sie sich für ein ereignisarmes Leben im Twitter-Reich entschieden hat. Ich erkläre meiner Frau, dass wir keine Fußbodenheizung in die Küche einbauen, weil ich dafür nicht arbeiten will, und dass wir den Sommerurlaub nicht in Acapulco verbringen, sondern an einer der schönen Küsten im Beitrittsgebiet, das wir emphatisch »die neuen Bundesländer« nennen. Schon mal gehört?

Die wenigsten entscheiden sich für diese wunderbare höhere Heiterkeit, mit der man das Leben zwar nicht mit Bravour meistern, aber doch immerhin mit einer gewissen Würde zubringen kann. Die meisten fügen sich in das glatte System der astreinen Funktionalität bis in die Freizeit hinein. Ein Kollege erzählte mir kürzlich von einem Essen bei sich daheim. Ein befreundetes Ehepaar sei zu Gast gewesen und habe ihm ausgemalt, wie perfekt sie Familie, Beruf und Sexualität unter Dach und Fach gebracht haben. Die Beziehung, so die Frau, sei frisch wie am ersten Tag, die Kinder berauschend in der Schule und der Job macht den beiden Spaß wie sonst was. Erst später, als die Frau mit der Frau des Gastgebers in der Küche stand, habe der Mann eingestanden, dass ihm der Sex fehle. Der sei im Grunde auf der Strecke geblieben und werde durch ein gelegentliches Glas Wein am Abend kompensiert. Die schöne Funktionalität des Gesamtkonzepts Wohlergehen war eine Illusion, aus Fachzeitschriften und Fernsehsendungen abgeschaut.

Solange unser hochgetuntes Leben funktioniert, stehen wir hinter ihm. Er ist unser Konzept, unser Plan, unser was auch immer. Dann sind wir »verliebt ins Gelingen«, wie Ernst Bloch das genannt hat. Sobald wir zusammenbrechen, sind wir verliebt in die Krise. Dann verlieben wir uns in den Zustand des Ausgebranntseins und werfen alle unsere täglichen Kulturtechniken in diesen trüben Tümpel. Weil wir nicht mehr können. Wir können uns nicht mehr mit den Belangen der anderen beschäftigen. Die Belange der anderen kannten wir bis dahin aus den sogenannten sozialen Netzwerken. Das Adjektiv »soziale« vor dem Substantiv »Netzwerke« müsste man eigentlich in Gänsefüßchen setzen, so wie es die Springer-Presse vor 30 Jahren mit dem Wort »DDR« gemacht hat. Die Netzwerke sind nicht sozial, und die dort angebotenen Freundschaften sind Phantome von Narzissten. Jeden Tag posten sie uns witzige YouTube-Videos zu, nötigen uns, über Späße in der *Titanic* und im *Hohlspiegel* zu lachen. »Monty Python2« möchte dein Freund werden, willst du ihn zulassen? Ein Klick genügt, Monty Python2 ist mein Freund, und ich kenne nicht einmal seinen richtigen Namen. »Der virtuelle Raum ist eine Hölle des Gleichen«, sagt noch einmal Byung-Chul Han. Aber wir glauben ja, in der Hölle des Gleichen aufzugehen, weil sie uns vor dem eigenen Schmerz und dem eigenen Zweifel schützen könnte. Leider funktioniert das nicht, deshalb brennen wir elendig aus in der Hölle des Gleichen wie die armen Sünder in den gemalten Höllen des Hieronymus Bosch.

Dass wir der Dinge müde sind, dass wir nach einer anstrengenden Arbeit, besonders einer, die sich über Wochen und Monate erstreckt, ausgelaugt sind, ist doch eigentlich nichts Besonderes. Warum erfüllt uns dieses Gefühl nicht mit Stolz? Warum macht es uns nicht zu »Müdstolzen«, wie Peter Handke es in seinem *Versuch über die Müdigkeit* nennt? Wir können nicht müdstolz sein, weil wir uns nur über die straff gespannte Leitung definieren können. Wir sind online, und zwar in allen Bereichen unseres Lebens. Der Stolz verbindet sich mit unserem Machen und Tun. Die Müdigkeit ist unsere Krankheit. Erst wenn wir sie diagnostiziert bekommen haben, erst wenn wir den Ritterschlag Burnout empfangen, dann sind wir stolz darauf, im Kampf um die Leistungshoheit gefallen zu sein. Aber das anmutige Wort »Müdigkeit« kommt uns dabei gar nicht in den Sinn. Das wäre ein viel zu harmloser Begriff. Wer müde ist, nimmt sich eine Mütze voll Schlaf und ist morgen wieder am Flipchart zugange. Nein, wir sind nicht müde, wir sind ausgebrannt, die Leistungsgesellschaft hat uns ein Leid angetan. Und jetzt sagen wir: Seht her, das ist meine Wunde. Ich bin leer und muss in der Seeklinik Roibuschtee trinken, damit ich erst ganz weich werde, bevor ich wieder der harte Bursche sein kann, der ich mal war. Aber wenn ich es wieder bin, habe ich eine kleine Philosophie des Menschlichen für euch andere COOs mitgebracht. Ihre Kernidee lautet: Jeder, der in der täglichen Arbeitshölle steckt, sollte einmal die Erfahrung des Burnout gemacht haben, damit er weiß, wo die Grenzen sind. Entschuldigung, aber wer mit 40 nicht weiß, wo seine Grenzen sind, wer dann immer noch nicht verstanden hat, dass der Mensch eine Maschine mit relativ geringer Belastungskraft ist, kurz: wer überhaupt keinen Schimmer von unserer körperlichen und geistigen Begrenztheit hat, ist ein emotional und sozial verkümmerter Kasper, der auf keinen Fall eine Position innehaben sollte, auf welcher er Verantwortung für andere Menschen trägt. Denn jemand, der Burnout für eine besonders feierliche Form des Feierabends hält, ist eigentlich nicht vermittelbar.

Kann es sein, dass uns inzwischen nicht mehr wirklich deutlich vor Augen steht, was Arbeit eigentlich bedeutet? Was es bedeutet hat? In vergangenen Jahrzehnten – und wir reden nicht vom vorindustriellen Zeitalter oder den Ausbeutungen der Jahrhundertwende –, seinerzeit also sah der Tag eines Arbeiters vor, frühmorgens seine Schicht zu beginnen. Während der nun folgenden acht Stunden hat der Mann seine oft sehr schwere und dem Gesundheitlichen nicht immer zuträgliche Tätigkeit versehen. Danach ging er nach Hause und wurde von seiner Ehefrau bekocht. Bitte, Feministinnen und hellwache Wächter des Modernen: Das ist keine Reminiszenz an das Patriarchat, sondern eine historische Bestandsaufnahme. Dann schloss sich die Pflege des Gartens als Freizeitbeschäftigung an, abends trafen sich die Kollegen in Taubenzüchtervereinen. Und am Morgen begann wieder eine mühsame Arbeitszeit.

Die Arbeit wurde als solche begriffen und vom übrigen Leben weitgehend abgekoppelt. Die Naherholungsgebiete und Schrebergärten des Ruhrgebiets, oft belächelt, weil von Kenntnislosen als künstliche Malocher-Idyllen missverstanden, dienten dazu, den arbeitenden Menschen zu suggerieren: Es gibt eine hedonistische Alternative zum Bergbau-Schacht. Es gibt einen Ort, an dem sich ein Kulturbegriff pflegen lässt, der aus – bitte, hier herrscht keine Ironie – Unkrautjäten, Kaninchenzucht und Gesprächen bei Bier und Zigarettenrauchen besteht. Eine soziale Enklave, in welcher zwar die Arbeit als Statusgeberin und Lebenserhalterin gegenwärtig war, die aber gleichzeitig eine autarke und dem Arbeitsalltag gleichrangige Funktion einnahm. Von ausgebrannten Arbeitern hört man auch heute eher wenig. Ausgebrannt sind vor allem statusbewusste Menschen, solche, bei denen die Eitelkeit in der Berufsausübung ein nicht unwesentlicher Motor ist. Der französische Soziologe Alain Ehrenberg schreibt in seinem großen Essay *Das Unbehagen in der Gesellschaft*, dass seit den 80-Jahren des vergangenen Jahrhunderts eine weiche Komponente in die Arbeitswelt eingezogen sei, die er mit dem schönen Goethe'schen Wort von der Persönlichkeit benennt. Seit dieser Zeit müssen Menschen in Büros, öffentlichen Einrichtungen und besonders in den in letzter Zeit so in den Geruch der Unseriosität gekommenen Callcentern über sogenannte Softskills verfügen. Sie müssen in der Lage sein, andere von ihren Angeboten zu überzeugen, müssen Formen der Freundlichkeit und Verbindlichkeit beherrschen, die zuvor im Büroalltag eher beiläufig gepflegt wurden. Sie müssen regelrechte Psychologen und Anthropologen sein, um ihr verhältnismäßig profanes Geschäft bewerkstelligen zu können. Das ständige Denken, Fühlen, Sichhineinversetzen und Verständnishaben muss einen Menschen, der einigermaßen bei Trost ist, auf die Dauer wahnsinnig machen. Der Soziologe Dieter Zapf erinnert in schöner Regelmäßigkeit daran, dass die Anordnung, lächeln zu sollen, die Menschen krank mache. Wer von Berufs wegen ständig lächeln muss, stellt seine eigentlichen

Befindlichkeiten hintan und rutscht über die finsteren Stationen Selbstverleugnung, Zwanghaftigkeit und Unterordnung direkt in die Herzinsuffizienz respektive in die Depression. Den auf solche Weise Erkrankten rät der Experte, sich gelegentlich zurückzuziehen, die Mundwinkel konsequent zusammenschnurren zu lassen und in der nunmehr bewusst ausgelebten schlechten Laune neue Kraft zu tanken. Übrigens ist das professionelle Zusammenspiel von Lächeln und Dienstleistung schon in den 80-Jahren von der amerikanische Soziologin Arlie Russell Hochschild erkannt und kritisiert worden. Hochschild hat sich das verzweifelte Lächeln der Stewardessen eine ganze Weile angeschaut und kam dann – mit Marx und Marcuse im Handgepäck – nicht umhin festzustellen, dass Fluggesellschaften das Lächeln kommerzialisierten, also aus einer schönen Sache wie dem Gefühlsausdruck eine Ware machten: »Wenn das Management die Regel setzt, wie man sich zu fühlen und wie man Gefühle auszudrücken hat, wenn Arbeiter weniger Anrecht auf Höflichkeit haben als Kunden …«, so fragt die Soziologin, »welchen Einfluss hat all dies auf das Gefühlsleben eines Menschen?«

Wenn wir unsere feinsten Sensoren jeden Tag für kommerzielle, mitunter verlogene Gespräche missbrauchen, machen die irgendwann schlapp oder rächen sich mit komplettem Stromausfall. Auf einem Mangel an Sensibilisierung kann die Burnout-Epidemie nicht gründen. Sensibel sind wir alle, und wir lauschen nicht nur auf die möglichen geschäftsrelevanten Reaktionen des Telefonpartners, nein, wir lauschen auch in uns selber hinein wie neugierige Nachbarn. Und wenn wir etwas in uns entdecken, glauben wir, dem inneren Frieden näher zu sein. In Wahrheit haben wir nur ein neues Feld für unsere Selbstkasteiung gefunden.

WER SAGT, DASS DIE ARBEIT UNS ERFÜLLEN MUSS?

Wenn der griechische Philosoph Aristoteles heute noch leben würde, käme vermutlich keine Talkshow zum Thema Arbeit und Glück ohne ihn aus. Er wäre der Agent Provocateur der modernen Medienwelt und die Leserbriefspalten in den Zeitungen würden überquellen von fiebriger Wut über diesen Mann und seine unerträglichen Ansichten zum Verhältnis der Menschen zu ihren bezahlten Tätigkeiten. Frank Plasberg würde nicht müde werden nachzuhaken, ob Aristoteles das wirklich ernst meinen würde mit der Arbeit und der Muße, und Plasberg würde immer wieder Filme einspielen, in denen Menschen am Fließband stehen und Schrauben drehen, und er würde Aristoteles die öffentlich-rechtliche Frage stellen: »Herr Aristoteles, würden Sie diesen Menschen auch raten, sich lieber der Muße zuzuwenden als der Arbeit?«

Aristoteles, wir kennen ihn gut genug, bliebe gelassen und würde selbstverständlich bejahen. Denn wer sagt denn, dass Arbeit und Glück wirklich zusammengehen müssen? Es ist eine Annahme der Burnout-Gesellschaft, dass wir mit unserer täglichen Arbeitsleistung dasjenige erfüllen, was zu einem gelungenen Dasein ausreicht. Aristoteles stand auf dem zweifellos provokanten Standpunkt, dass eine bezahlte Arbeit und ein erfülltes Leben inkompatibel seien. Wer für Geld arbeitet, unterscheidet sich vom Sklaven lediglich dadurch, dass er für seine elende Schinderei bezahlt wird. Aber die körperliche Arbeit, die Arbeit der Handwerker genauso wie die Geschäfte der Kaufleute, führen, so wusste es Aristoteles, zu einer unvorteilhaften Verformung der Seele und des Geistes. Was also wäre, ginge es nach Aristoteles, ein würdiges und glückliches Leben? Natürlich das Dasein des reichen Erben, des gut bestellten Privatiers, der sich der Kunst und der Philosophie widmen kann und ansonsten dem Sündenfall Arbeit und Mühe entgeht.

In unseren Tagen werden solche Lebensentwürfe selten zu finden sein, die meisten von uns müssen einer bezahlten Arbeit nachgehen, und je intelligenter und gebildeter wir sind, umso komplexer ist die Art der Tätigkeit, der wir uns Tag für Tag stellen müssen. Zumal unser Verhältnis zur Arbeit sich im Laufe der Jahrhunderte zugunsten der Werktätigkeit entwickelt hat. Dem Müßiggang den Vorzug vor der harten Maloche zu geben, kam natürlich nie so richtig in Mode, und der aristotelische Geist fand seine Anhänger mehr in den philosophischen Seminaren als in den Zünften und Handwerkskammern. Im Zuge der europäischen Aufklärung im 18. Jahrhundert wurde die Arbeit sogar zu einem Instrument der Humanisierung, vorausgesetzt, die Bedingungen waren menschlich, was aber bekanntermaßen nicht eben die Regel war. Ein Mensch, der nicht arbeitete, war ein Mensch, der nicht lebte. Arbeit und Persönlichkeit verschmolzen ineinander, es gab den Stolz der Stände, den Stolz der Handwerker, den Stolz der Arbeiter, der später in die großen revolutionären Umwälzungen des industriellen Zeitalters geführt hat. Die Arbeit wurde mehr und mehr zum Statussymbol, sie war der Orden, den sich jeder Mensch anheftete. »Und weil der Mensch ein Mensch ist, drum braucht er was zu essen, bitte sehr – es macht ihn ein Geschwätz nicht satt, das schafft kein Essen her.« So sang Brecht in seinem Einheitsfrontlied. Kurz zusammengefasst: Die Arbeit war eine Lebenshaltung und ein Instrument des Lebensunterhalts. Diese Balance gestattete arbeitenden Menschen früherer Tage, das Leben und die Arbeit so miteinander zu vereinen, dass das eine dem anderen von Nutzen war.

Heute ist die Arbeit mehr und mehr zum Feind unserer inneren Befindlichkeit geworden. Im täglichen Arbeitsstress lauert eine diffuse Gefahr für unser Wohlbefinden, von dem wir längst gewandelte Vorstellungen haben. Wohlbefinden ist etwas, das weit außerhalb unseres beruflichen Alltags stattfindet, es ist eine Utopie, die sich aus den Versprechungen der Werbung und der Vulgärphilosophen zusammensetzt. Wir haben die großen Weltentwürfe leider nicht mehr so direkt zur Hand, wir sind mit den Geheimnissen der Ars Vivendi, der philosophisch grundierten Lebenskunst, unglücklicherweise nicht mehr so vertraut, dass wir aus ihr Nutzen und Nahrung für unsere täglichen Malaisen destillieren könnten. Stattdessen haben wir aber fantastische Zukunftsangebote, von denen wir unbedingt einen großen Teil mitnehmen, also beanspruchen wollen. Wir haben, vielleicht zum ersten Mal in der Geschichte der Menschheit, die Chance, sehr alt zu werden, gerne auch 100 Jahre, der medizinische Fortschritt stellt uns dies in Aussicht. Wir haben die Möglichkeit, im Seniorenalter körperlich fit und geistig rege und sozial genauso vernetzt zu sein, wie es die jungen Leute sind. Wir können Sex haben, selbst wenn wir weit über 70 sind, weil es die entsprechenden Medikamente und die gesellschaftliche Legitimierung dafür gibt. Seitdem sind alle der Ansicht, es sei ein Kitzel vom Feinsten, wenn man auch nach den Wechseljahren respektive dem Erlöschen der natürlichen Potenz die Möglichkeit hat, das Feld der Erotik wie ein Jungbauer zu bestellen. Der Osnabrücker Sozialwissenschaftler Dieter Otten hat kürzlich die Studie 50 *plus* angestrengt, nach welcher rund 80 Prozent der Männer und gut 60 Prozent der Frauen zwischen 50 und 70 Jahren regelmäßigen und durchaus variantenreichen Sex praktizierten. Aber diese Zahlen prägen nur die eine Seite der Silbermedaille. Die Schwierigkeiten lauern in der Prostata und in vergleichbaren Regionen, und es ist die fiese Hexe Viagra, die in solchen Fällen immer wieder beschworen wird. Ach, es ist ein Elend des triebaffinen Alters, Lust und Wehe in eine tragfähige Balance zu bringen. Es sei denn – auch wenn es jetzt mit Pflastersteinen gefüllte Kondome hagelt: Man kann es doch auch einfach lassen, nicht wahr? Man kann doch auch sagen: Ich bin jetzt über 70, habe ein schönes Leben mit erotischen Höhen und Tiefen geführt und mache jetzt mal ganz was anderes. Ich lese neuerdings abends zum Beispiel Aristoteles und überlasse den Alterssex den Elenden, die sich mit Viagra trimmen und viel zu viele biologische Hindernisse überwinden müssen.

Subjektiv betrachtet müssen wir uns gar nicht so sehr um ein anständiges, gesundes und bewusstes Leben bemühen. Alles, was wir nicht anständig, gesund und bewusst organisiert haben, korrigiert die Medizin später im Handumdrehen, jedenfalls stellen wir uns das so vor. Aber die Wahrheit ist eine andere: Das große Burnout in uns und um uns herum ist das Resultat erloschener Lebenskunst. Und es ist nicht weniger als eine kalte Geste der Selbstverachtung, der Versklavung, meist auf höchstem, auf allerhöchstem Miriam-Meckel-Niveau. Letzten Endes möchten wir als Brandopfer der Leistungsgesellschaft dastehen. Aber wir legen auch Wert darauf, dass wir selber die Protagonisten dieser Leistungsgesellschaft sind. Denn wer nichts leistet, kriegt auch kein Burnout. Burnout ist das Verdienstkreuz der Filofax-Republik, in der jede unternehmerische Klitsche ihre eigene Philosophie hat. »Unsere Firmenphilosophie« heißt es bei einer Werbeagentur: »Ideen. Lösungen. Service.« Wir geben den praktischen Lösungsansätzen den Vorzug vor den großen philosophischen Entwürfen. Unsere Geistesverfassung resultiert heute weniger aus der Kritik der reinen Vernunft als aus dem Imperativ: Simplify your life. Die Vereinfachungslitaneien des Managers und Theologen Werner Tiki Küstenmacher haben inzwischen den Rang von Katechismen eingenommen. Wenn wir unseren Schreibtisch jeden Tag aufräumen, wenn wir unsere Unterlagen geordnet halten und wenn wir immer schön auf Ordnung achten, dann haben wir auch weniger Mühen, mit den Unwägbarkeiten des Alltags zurande zu kommen.

Aber die Dinge sind in Wahrheit nicht wie unsere praktischen Ablagefächer und Stauboxen. Das Leben ist leider eine sehr komplexe Angelegenheit und es lässt sich nicht leichter zubringen, indem wir unsere Techniken vereinfachen. Je einfacher wir uns das Leben machen, desto schwieriger wird es. Ein Mensch, der nicht mit den Anforderungen seines Büroalltags zurechtkommt, brennt nicht deshalb aus, weil er keine gescheiten Ablagefächer oder Hängeordner hat. Er brennt aus, weil er keine gescheite Gegenwelt im Kopf hat, die ihm hilft, das Wichtige vom Banalen, das Richtige vom Falschen zu trennen – ein Vorgang, der ohnehin schwierig genug ist. Er brennt aus, weil er seine Lebensperspektive auf sich selbst verengt hat. Der sonderbare, leider weitgehend unbekannte Kabarettist und Poet Christof Stählin hat einmal ein Lied über einen Kapitän geschrieben, der mit dem Fernglas an der Reling steht und die Grenze zwischen Himmel und Wasser absucht, um Land zu sehen. Er justiert sein Fernglas mal hier und da, seine Suche nach Land bleibt vergeblich. Schließlich hält er das Fernglas gegen seinen Körper, sein Blick durchdringt die Bauchdecke, er findet ein paar Organe »und sieht und sieht kein Land«. So ist es mit uns Ausgebrannten. Wir tasten uns innen ab, kommen aber auch dort nur an die äußere Haut unserer Innereien. Und sehen und sehen kein Land.

Und weil wir immer noch vermuten, Trost im Internet zu finden, gehen wir zunächst auf Google und geben die Termini unserer Leiden ein. Wenn wir auch hier unbefriedigt verbleiben, geben wir das Wort »Befriedigung« ein – und schon sind wir wieder dort, wo wir eigentlich nicht sein sollten, jedenfalls nicht dauerhaft.

DER ELENDE STRESS
MIT DER LUST

Manchmal sieht es so aus, als sei die Online-Verbindung zwischen unserem Geist und unserem Körper dauerhaft gestört, in schlimmen Fällen sogar gekappt. Vor allem das Feld der Erotik, das über viele Jahrhunderte von Erotomanen, Psychologen und katholischen Theologen umkämpft war, gerät mehr und mehr zu einem grob gepflügten Acker, auf dem weniger die Blumen des Bösen wachsen als das Unkraut der kommerzialisierten Sexsucht. Vor einem halben Jahr machte der amerikanische Kinofilm *Shame* Furore, welcher die Geschichte eines Großstadtmenschen erzählt, dessen Einsamkeit Ausmaße angenommen hat, die mit dem Wort »Verzweiflung« nur unangemessen beschrieben sind. Der Angestellte Brandon, gespielt von Michael Fassbender, ist zu einer herkömmlichen Beziehung mit einer Frau nicht oder nicht mehr fähig und daher gezwungen, sich über die Internet-Pornografie zu befriedigen oder mit hoher Schlagzahl Prostituierte aufzusuchen. Seine libidinöse Überfeuerung zwingt ihn, regelmäßig unter der Dusche zu masturbieren respektive zum gleichen Zweck alle Augenblicke eine Toilette aufzusuchen.

Das große therapeutische Ausrufezeichen hinter diesem Film lautet Sexsucht, und damit wäre eine weitere beliebte Diagnose der Burnout-Kultur in Umlauf. In vergangenen Zeitaltern galten Männer, deren Bedürfnis nach Sex eine ungewöhnliche Steigerung erfahren hatte, eher als Kraftprotze und weniger als Patienten. Ein Mann wie Victor Hugo, der noch im hohen Alter die Grisetten von Paris konsultierte und dort offenbar eine immerhin beachtliche Figur machte, galt nicht als sonderbar, sondern als vital.

Aber wir wollen hier natürlich keine große Apologie der Potenzprotzerei betreiben, sondern den Blick kritisch und neugierig auf das lenken, was heute als Pornografie beschrieben wird und längst nur noch wenig mit der klandestinen Befriedigungswelt der Magazine, Bahnhofskinos und Wichskabinen zu tun hat. Die im Internet angebotene Pornografie hat inzwischen einen ähnlichen Stellenwert wie die sozialen Netzwerke, und wenn man es genau nimmt, ähnelt sie ihnen auch ein bisschen. Ausgestellt wird in Facebook genauso wie auf Youporn und in beiden Systemen werden menschliche Grundbedürfnisse geweckt und – wenn auch nur virtuell – befriedigt: der Wunsch nach Freundschaft und nach Sexualität. Dass wir unser Berufs- und Privatleben online führen und die ständige Erreichbarkeit und die Verfügbarkeit von Dienstleistungen als wichtigen Teil unseres Lebensstandards sehen, ist längst Teil unseres Selbstverständnisses und unserer Hybris. Zu diesen Verfügungsgütern gehört seit Längerem auch die Sexualität in Gestalt kommerzieller Pornografie, wie sie das Internet bereitstellt. Moralisch lässt sich die Nutzung von Sex-Videos selbstverständlich nicht mehr sanktionieren – die Kritik an der Pornografie ist nur noch dann ernst zu nehmen, wenn sie an Kindern vollzogen wird oder Vergewaltigungen und andere sexuelle Missbräuche mit ihr getrieben werden. Ansonsten ist das Bekenntnis zum Pornografischen inzwischen ein Teil des digitalen Triumphs: Die einstmalige Empörung der Feministinnen über barbusige Mädchen auf dem *Stern*-Cover oder die angeblich Gewalt verherrlichenden Fotografien von Helmut Newton sind staubiges Inventar der altmoralischen Asservatenkammer der untergegangenen Bundesrepublik der 70er- und 80er-Jahre. Pornografie wird heute als legitimer Teil des Rechts auf Konsum gesehen und entsprechend genutzt. Aber wie wir aus Statistiken und psychologischen Bulletins wissen, ist der Rückgriff auf pornografische Filme mit allerlei seelischer Unbill verbunden: Wer im Angesicht grob gepixelter beweglicher Darstellung von Geschlechtsverkehr masturbiert, zahlt einen hohen Preis, zumindest, wenn er davon nicht mehr loskommt. Das Internet kann uns also nicht nur mit seinen kommunikativen Angeboten E-Mail und WhatsApp in den Wahnsinn treiben, sondern auch mit jenen Formen von Darstellung, die unsere grundlegenden Triebe betreffen respektive diesen Entfaltungsmöglichkeiten bieten, die sie in der realen Welt so eher selten finden. Es gehört ja zu den Perfidien der digitalen Welt, dass sie eine Intimität vorgaukelt und in Wahrheit selbst das Gegenteil von intim ist. Das Internet ist die größte promiskuitive Gemeinschaft, die je existiert hat. Ihre Möglichkeiten und Wünsche sind uneingeschränkt und es wäre absurd, wenn in ihr nicht auch die Sexualität unendliche Gestaltungsformen vorfände. So gesehen kann man das Internet per se als pornografisch ansehen, nicht zuletzt weil es in den meisten Fällen seine Angebote nach den Prinzipien der Pornografie ausrichtet. Das Internet ist monströs in seiner Überkonditionierung: Aktivität ist immer Hyperaktivität, Kommunikation in den meisten Fällen Hyperkommunikation und die Pornografie eine Hyperpornografie. Der englische Essayist Alain de Botton hat in der Tageszeitung *Die Welt* gefordert, Regierungen sollten durchaus repressiv auf die Entfaltung der Internet-Pornografie einwirken. De Bottons Argumente bewegen sich dabei beileibe nicht auf der Ebene der bürgerlichen Moral. Er sieht die Verschwendung des triebhaften Menschen an Youporn eher als ökonomisches Desaster. Man könne in der Zeit, da man mit offener Hose vor der Performance ukrainischer Damen in Gemeinschaft mehrerer Männer sitzt, genauso gut Krebsmittel erfinden, Firmen gründen und sonst wie segensreich für die Menschheit wirken. Das ist das eine. Ein anderes ist es, dass die Pornografie der große Auslöscher all jener Dinge ist, die es im Leben nun einmal auszuhalten gilt, nämlich die Langeweile und das Verlangen. Auch damit sind wir wieder bei einem Grundproblem der Burnout-Gesellschaft angekommen, nämlich der Unfähigkeit, die eigenen Regungen nicht als unheimliche Monstren der eigenen Seele zu sehen, sondern als das, was sie in Wahrheit sind: alltägliche Gefühlsanwandlungen, die es nun einmal auszuhalten und wenn möglich sogar zu genießen gilt. Der österreichische Kulturwissenschaftler Robert Pfaller hat in seinem Buch *Wofür es sich zu leben lohnt* darauf hingewiesen, dass die Sexualität heutzutage nur noch an ihren schmutzigen Rändern existiert, dass sie gewissermaßen als Kulturtechnik verschwunden ist und ihre Statthalter im Schmuddelsex der Nachmittags-Talkshows und eben in der Pornografie gefunden hat. Man kann es auch so ausdrücken: Während unsere Gesellschaft immer prüder wird, kommen die Angebote der Pornografie immer greller daher. Und folglich wird Sexualität mehr und mehr als eine extreme Form der körperlichen Befriedigung empfunden, denn ihre normale Spielart in der Gesellschaft hat sie längst verloren.

Man kann dieses allmähliche Ausbrennen des erotischen Lebens sehr schön an jenen Orten konstatieren, die früher einmal die halb offiziellen Nischen der bürgerlichen Sexualität waren: die Rotlichtviertel und Bordelle der großen Städte. Wenn man heute im Amsterdamer Walletjes unterwegs ist, wird man die Bordellwelt bestenfalls als museale Veranstaltung erleben. Die Stadtregierung bemüht sich seit Jahren, den Bordellbetrieb zurückzufahren, Prostitution auf ein schmales Terrain um die Oude Kerk zu beschränken, und traktiert die Sexarbeiterinnen, wie sie sich offiziell nennen, mit zahllosen Restriktionen. Zugleich nehmen immer mehr potenzielle Kunden davon Abstand, zu einer Prostituierten zu gehen, weil der Zugriff auf Sex per Internet – sei es Pornografie, sei es eine Seitensprung-Börse – einfacher, schneller und preiswerter ist. Während unsere analoge Welt mehr und mehr entsexualisiert wird, wächst die pornografische Übersteuerung der Sexualität im Internet oder im Fernsehen, wo sie von postfeministischen Knalltüten wie Lady Bitch Ray repräsentiert wird. Nachdem Oswalt Kolle und andere Nervensägen dieses Feld in den 70er-Jahren zerpflügt hatten, wurde es privat bestellt, von einigen Ausnahmen abgesehen. Und heute? Kommt keine Online-Zeitung, kein Männer- respektive Frauenmagazin mehr ohne Handreichungen zur qualitativen und quantitativen Verbesserung des Liebeslebens aus. Laut einer Umfrage der Uniklinik Hamburg haben Männer nur noch vier- bis zehnmal im Monat Sex. Das ist offenbar saugefährlich.

Es ist schon eigentümlich, dass wir nach 1968, nach der Kommune 2, nach Oswalt Kolle und Erika Berger heute ein derart unnatürliches Verhältnis zur Sexualität haben. Heute scheinen wir Sex nicht mehr als hedonistisches Vergnügen zu sehen, sondern als eine Art Waffe, die wir im Kampf gegen die eigenen Regungen einsetzen, damit sie uns nicht weiter belästigen und am Erstellen der Firmenphilosophie hindern. Eine der wichtigsten Philosophien im Zeitalter der Ausgebrannten ist die wasserdichte Organisation unseres Lebens. Bei der Arbeit sind wir es gewöhnt, alles zu »schedulen«, was sich irgendwie greifen und in eine Terminschablone pressen lässt, das geht von der Vertragsunterzeichnung bis hin zur Mittagspause, wir verweisen auf unsere Terminkalender wie der Priester aufs Tabernakel. Warum sollte, was für den Arbeitsverlauf gilt, nicht auch für das Liebesleben sinnvoll, wenn nicht unabdingbar sein? Ehe wir ausbrennen, weil wir es ums Verrecken nicht hinkriegen, uns eine liebe Freundin zu suchen, geben wir unser Liebesleben besser in professionelle Hände. Was die von uns brauchen, sind vor allem Daten, die dann mit den Daten anderer sehnsuchtsvoller Vollzeit-Arbeiter vermischt werden, bis am Ende eine Paarung herauskommt, die dann entweder zwei, drei Nächte vor sich hat oder, wenn es arg kommt, ein ganzes Leben. Bei den Seitensprung-Agenturen können wir in diagnostischer Offenheit unsere erotischen Vorlieben angeben, eine Liste mit allen bekannten sexuellen Praktiken hilft uns und den Organisatoren, über den Umweg durchs Virtuelle am Ende ganz bodenständig vorstellig zu werden.

Sie nehmen uns alles ab, sogar die Organisation von Spielarten der Liebe, die schon in den Zeiten der normalen Arbeits- und Lebensorganisation als eher schwierig zu bewerkstelligen galten. Wir reden von den Herausforderungen der Polyamorie, der Neigung also, Liebesbeziehungen zu mehr als einem

Partner zu unterhalten. Wie man all dies organisiert, sich selbst dabei gut fühlt und den anderen nicht kränkt, das stellen speziell geschulte Polyamorie-Agenten mit ihrem Angebot sicher. Wir benutzen also für unser Liebesleben die gleichen Organisationstechniken wie für die Bewältigung unseres Arbeitsalltags. Unser Leben wird von Providern und Consultern am Laufen gehalten, unser Liebesleben von Agenturen und Psychologen mit dem gewohnten Alarmismus bewertet. Wer ein paar Wochen keinen Sex mit seinem Lebensgefährten unterhält, kann sich beim Therapeuten gerne das Zertifikat Sex-Burnout verpassen lassen. Damit ist auch die einstmals als relativ normale Regung, eben keine besondere Regung zu verspüren, in den Stand des Pathologischen gehoben.

DAS ZEITALTER
DES NARZISS

Die griechische Mythologie bietet hin und wieder schöne Anreize zu metaphorischem Denken. Eine jener Legenden, die uns, wäre sie noch gegenwärtig genug, manche Therapieform erspart hätte, ist die von Narziss, dem Sohn des Flussgottes Kephissos, der die kleine Nymphe Leiriope vergewaltigt haben soll – eine Untat, aus welcher eben jener Narzissos hervorging. Man sieht schon, hier sind pränatale Dispositionen am Werk, der Junge musste einen Knall bekommen, und genau so geschah es auch. Narziss verliebte sich in sein eigenes Antlitz, das er in einem glatten See gespiegelt sah. Nun gibt es unterschiedliche Versionen, wie Narzissos an dieser Liebe zugrunde ging. Eine besagt, dass er über die Vergeblichkeit dieser Liebe dermaßen entsetzt war, dass er sich noch am Flussufer den Dolch in die Brust rammte. Was auch folgerichtig ist, denn mit seinem Spiegelbild kann man weder Geschlechtsverkehr unterhalten noch sonstigen partnerschaftlichen Vergnügungen nachgehen. Also adieu. Eine andere Lesart sieht vor, dass Narziss den Anblick seines Konterfeis im Spiegel des Gewässers sehr wohl genoss und sich durchaus eine Zukunft mit sich selbst hätte vorstellen können. Dann aber löste sich ein Blatt vom Baum, fiel in den See und erzeugte die bekannten Wellen, welche das glatte Antlitz des Göttersohns derart verzerrten, dass dieser davon ausging, plötzlich hässlich geworden zu sein. Auch diese Erkenntnis führte zum Messertod aus eigener Hand.

Dieses trostlose Beispiel scheint mit den Jahrtausenden seinen Schrecken verloren zu haben, denn die Liebe zum eigenen Ich geht inzwischen so weit, dass viele Menschen das Bedürfnis haben, gemeinsam mit Ihrem Selbst in den grausamen Kampf um die richtige Lebensbalance zu ziehen. Dahinter steckt eine Idee, die sich inzwischen unendlich multipliziert und in Werbung und Gesundheitspolitik ihren Niederschlag gefunden hat: der unbedingte Wille zur Straffheit des Ich, zur Gesundheit und zur Fitness, und das bis ins hohe Alter, wenn nicht gar über den Tod hinaus. Man belegt derlei Zwangshandlungen gerne mit dem Begriff »Kompetenz«, weil man zu seinem eigenen Selbst in einer Art Geschäftsverhältnis steht. Die Bereitschaft und das Vermögen, sich gesund zu ernähren und regelmäßig Sport zu treiben, firmiert unter der Rubrik Körperliche Kompetenz. Die eigentliche Selbstverständlichkeit, sich einigermaßen mit seiner Umgebung zu verstehen, also seiner Lebensgefährtin nach dem Heimkommen nicht die Schuhe vor die Füße zu schleudern und warmes Essen zu verlangen, seine Kinder nicht bei der ersten Kleinigkeit anzubrüllen und seine Freunde nicht zu vergrätzen, bündeln wir mit dem Terminus »Emotionale Kompetenz«. Dann stehen wir ja gelegentlich vor der Aufgabe, uns in besonders schwierigen Situationen für oder gegen etwas zu entscheiden. Wollen wir die abgewetzte Ehe noch weiterführen, weil wir irgendwann mal geheiratet haben oder weil wir nicht gerne alleine leben möchten? Wollen wir uns in der Mitte des Lebens entleiben, weil wir plötzlich das Gefühl verspüren, nicht die Karriere hingelegt zu haben, die uns einmal vorgeschwebt hat, weil wir nicht die richtige Frau gefunden haben oder in der falschen Stadt, im falschen Land, im falschen Leben leben? Im Fall, dass wir für diese Unbill eine Lösung finden, können wir uns das Prädikat an die Brust heften, wir seien Helden der biografischen Wachstumskompetenz. Und ein Letztes: Wenn wir alt sind und noch nicht schwachsinnig genug, unseren Intellekt lediglich über die Lösung von Kreuzworträtseln erleuchtet zu halten, sondern auch noch bereit sind, bislang unbekannte Seiten des Lebens kennenzulernen, dann sind wir Inhaber einer hoffentlich viel bewunderten Reifungskompetenz.

Allein dieser Begriffsirrsinn zeigt, dass wir es selbst in der Pflege unserer Seele nicht weiter gebracht haben als eine dieser verdrahteten Knalltüten, die uns täglich in U-Bahnen und Abflughallen begegnen und einem gelangweilten Gesprächspartner von Evaluierung und Gadgets vorfaseln. Wir sind und bleiben die unerträgliche Ich-AG, selbst wenn wir merken, dass uns seelisch das Wasser bis zum Hals steht, hören wir nicht auf, uns weiter zu optimieren. Selbst unsere Ausstiegsfantasien, selbst unsere Suche nach einer möglicherweise neuen Sinnhaftigkeit sind elende Anstrengungen, an deren Ende wir wieder nicht weiterwissen, wie wir es stemmen sollen. In früheren Zeiten – ach, wir werden immer so retrospektiv, aber manchmal hilft es, Kontraste zu schaffen – war der Traum vieler arbeitender Menschen, auf eine Insel zu fliehen oder einen langen Winter auf Mallorca zu verbringen, um ein bisschen Abstand zum Alltag zu gewinnen. Einen Alltag, den man zwar als Belastung empfand, aber dem man keinesfalls unterstellte, er entlasse einen niemals aus seinen Krallen. Heute ist es so: Wer aussteigt, steigt aus dem digitalen Kommunikationsgeschehen aus. Er lässt sich zum Beispiel ein Jahr lang das Internet kappen und sieht seine E-Mails nicht mehr an. So als schwinde mit den Möglichkeiten auch das Bedürfnis, erreichbar zu sein und andere zu erreichen. Wobei man auch bezweifeln kann, dass es nur um diese beiden Qualitäten geht. Es geht auch um die Frage: Wie bin ich positioniert in meiner Gesellschaft, wer interessiert sich für mich, wer schreibt mir regelmäßig, wer bietet mir mitunter prestigefördernde Projekte an? Das Kappen der digitalen Nabelschnur führt in der Regel nicht zu der gewünschten Entspannung, weil die Restunruhe ja in unseren auf Kommunikation konditionierten Köpfen bleibt: In meinen Account laufen die Mails wie Wasser aus einem Füllhorn und ich kann nicht abschöpfen.

Es ist schon teuflisch komisch: Einerseits definieren wir unseren Erfolg und unsere gesellschaftliche Teilhabe zu einem wesentlichen Teil über die Kommunikation. Andererseits stellen wir diese Kommunikation unter den Verdacht, uns kaputt zu machen. Wenn wir dann ausgestiegen sind, unseren Account abgemeldet haben, sind wir plötzlich wieder diese Zwitterwesen aus Held und Opfer: Wir haben dem täglichen Re:Re:Re:-Wahn ein Schnippchen geschlagen, aber um den Preis, dass wir nun isoliert sind und uns neu definieren müssen. Aber wie sollen wir das tun, schließlich haben wir bis zum Ausloggen keine Alternative zu unserem Highperformer-Dasein gesehen, warum sollte uns das nun, da es funkstill ist, gelingen? Es ist eine Lücke entstanden, die wir eigentlich mit Sinn füllen müssen. Aber Sinn steht uns leider nicht so selbstverständlich zur Verfügung wie das Internet und E-Mails. Der kommunikative Raum, aus dem wir On-line-Eskapisten entfliehen, war bis dato unsere zuverlässigste Sinn-Vorratskammer, und das klingt schlimmer und armseliger, als es ist. Denn grundsätzlich kann es nicht von Übel sein, wenn man täglich Mails an Leute schreibt und von diesen auch Mails zurückbekommt. Und manchmal sind ja durchaus Inhalte dabei, aus denen wir ein bisschen Lebenssinn ziehen können. Beispielsweise wenn wir uns mit den Kollegen, die vier Etagen unter uns sitzen, schreiben, satirische Bilder aus dem *stern.online* verschicken oder lustige Pannen-Videos aus YouTube. Oder wenn wir uns per Mail zum Essen verabreden, dem kommunikativen Höhepunkt jedes Arbeitstages.

Einer der Gründe für unsere ständige Überforderung mag auch darin liegen, dass wir glauben, wir könnten dieser Überforderung dann entfliehen, wenn wir uns komplett zurückziehen. Hätten wir nicht eine tägliche Dosis Gegengift zu unserem Burnout, wenn wir abends nach dem Dienst mit einem Kollegen ein Bier trinken gehen würden, uns ein bisschen ausquatschen würden, gesellig wären? Hätten wir nicht größere Chancen, unserer gefühlten Sinnleere zu entgehen, wenn wir den Sinn dort suchten, wo er sich am liebsten aufhält: im Zusammenspiel mit anderen Menschen?

Stattdessen nehmen wir die autismusfördernden Angebote der Ausstiegsindustrie entgegen. Wir buchen ein Wochenende in einem Wellnesshotel, einem auf den Prinzipien Konvention und Konditionierung gründenden künstlichen Paradies, in dem wir schwitzen und Anwendungen probieren, die uns zu wohlriechenden Wochenend-Menschen machen, aber unsere Leere sicher nicht auffüllen. Die Industrie lauert wie eine grinsende Schlange auf unsere Versuche, dem tägli-

chen Kollaps zu entgehen. Badezusätze tragen augenzwin-
kernd bis Trost verheißend Namen wie Auszeit, Balance, Zeit
für dich, Lebensfreude und – an sarkastischer Selbstrefenzia-
lität kaum zu überbieten – Seelentröster. Die Industrie hat ein
gutes Gespür für die Abgründe in unseren Herzen. Sie macht
ihr Geschäft mit unserer Pein, aber das ist natürlich keine besonders neue Erkenntnis. Neu und ungewöhnlich ist vielleicht das Feld, auf dem es stattfindet. Weil wir Lebensfreude
und Trost nicht mehr im Leben finden können, haben wir
jetzt zumindest die Möglichkeit, darin zu baden. Wir haben
unsere, wie der Philosoph Rüdiger Safranski es nennt, »Sinnressourcen erschöpft« und müssen jetzt etwas haben, was
»Sinn macht«. Dass man Sinn nicht produzieren, sondern nur
empfangen kann, ist ja bekannt und soll, warum auch nicht,
von Experten erklärt werden.

DIE GROSSE AUSSTEIGERITIS

Vermutlich hat es ganz leise angefangen mit einem dieser sonderbaren Bücher des brasilianischen Erweckungsschriftsteller Paulo Coelho. Es handelte sich seinerzeit um die Schilderung einer Pilgerreise auf dem Sankt-Jakobsweg und es war damit die Aufforderung an die Leser verbunden, ebenfalls auf diesem sagen-, legenden-, und sinnstiftungsumwobenen Weg zu wandern. Die Popularität der Jakobspilgerschaft begann schon einige Jahre vor der Burnout-Kultur, aber sie erreichte ihren Höhepunkt vor sechs oder sieben Jahren, als die Idee, einfach abzuhauen, diese spätromantische, fremdenlegionärshafte Lust, die Sicherheiten der Zivilisation linker Hand hinter sich zu lassen, große Feste feierte. Der Unterhaltungskünstler Hape Kerkeling setzte wahrscheinlich den ersten Meilenstein auf die lange Straße in Richtung Abhauerillo. *Ich bin dann mal weg* heißt sein Bericht von der Pilgerschaft nach Santiago de Compostela, und er verkaufte sich millionenfach. Schon der Titeltorso »Ich bin dann mal ...« erlebte bald darauf variantenreiche Nachahmung: *Ich bin dann mal schlank, Ich bin dann mal schwul, Ich bin dann mal schwanger. Ich bin dann mal off* verkündete der Journalist Christoph Koch und legte das stolze Protokoll seines Urlaubs vom Internet vor.

Unser Lebensglück wird zu einem großen Teil auf unsere innere Leinwand projiziert. Wir arbeiten unter extremen Bedingungen, wir führen unser Privatleben unter extremen Bedingungen, und genauso extrem wünschen wir uns die Auszeit aus all diesen Zwängen. Die Erholungsreise, drei Wochen Riviera, reicht uns heute längst nicht mehr aus. Es muss so etwas wie die Ahnung von einem anderen Leben her. Wenn wir mal weg sind, tun wir so, als seien wir so ganz nonchalant mal eben weg, weil wir es uns verdient haben. Aber die Lässigkeit von Kerkelings Titel haben die wenigsten Aussteigefantasten. Die Aussteigerei ist inzwischen selbst zu einer großen Anstrengung geworden, und vermutlich ist es nur eine Frage der Zeit, bis auch der Wunsch auszusteigen als Krankheitsdiagnose beschrieben wird und eigens dafür Aussteigerkliniken am Chiemsee eröffnen.

Wer aussteigt, steigt nicht aus, um sich ein bisschen zu erholen, also nichts zu tun, in den Himmel zu starren oder wie Oblomow, der große Held in Iwan Gontscharows pünktlich zur Burnout-Debatte neu übersetzten großen Roman, einfach nur das gute Leben zu genießen, zu essen und zu faulenzen, als gäbe es kein Morgen. Für die Burnouter auf Pilgertour gibt es jedoch ein Morgen, das macht sie auch so unentspannt dabei. Es gibt ein Morgen, aber es gibt für die wenigsten eine haltbare Utopie, und sei es nur in Gestalt einer Religion oder einer anderen spirituellen Hilfsstrategie. Wer auf dem Jakobspilgerweg wandert, befindet sich nicht auf den Spuren der alten christlichen Pilger, die Augustinus gelesen haben und glücklich sind, wenn sie das Grab des Apostels Jakob gefunden haben. Er befindet sich auf den Spuren der anderen Manager, Investmentberater und Studienräte, die nicht mehr weiterkönnen und deshalb laufen müssen, weil sie Kerkeling und Coelho gelesen haben. Diese Menschen glauben, eine Ahnung vom glücklichen Leben gewinnen zu können, indem sie in schlecht gelüfteten Gemeinschaftsräumen abgewirtschafteter Herbergen dünnen Wein trinken und anderen Gestressten ihre Leiden erzählen. Eine promiske Gesellschaft von Ausgebrannten wünscht sich neu zu beseelen, indem sie alle Bequemlichkeit des Alltags über Bord wirft respektive als restriktiv verachtet. Vermutlich steckt der mittelalterliche Gedanke der Flagellation, der Reinwaschung per Selbstkasteiung hinter derartigen Vorstellungen. Vielleicht hilft es manchen ja wirklich, eine neue Lebensperspektive zu gewinnen, aber die müsste dann ja grundsätzlich im Wandern, Innehalten, Sichöffnen und gemeinschaftlichen Wäschewaschen bestehen − alles Kulturtechniken, die sich vermutlich nur mit sehr wenigen Firmenphilosophien vereinbaren lassen.

Denn es haben ja nur die wenigsten Ausgebrannten den Mut, ihr Leben länger als eine therapeutische Einheit lang zu verändern. Wenn einem die Arbeit nichts mehr sagt oder nur noch Befehle zum Leistungserweis erteilt, dann sollte man doch eigentlich die ganze Chose drangeben, auf gesellschaftliche Anerkennung verzichten, und sich vollständig der Verfeinerung der Sinne, der Ausbalancierung der Seele und der Beständigkeit des Wohlempfindens widmen. Natürlich gibt es auch Männer und Frauen, die aus der für sie unerträglich gewordenen Welt der Leistung und der Demütigung durch ständige Verfügbarkeit und bürokratische Gängelung gänzlich aussteigen. Es handelt sich um solche Leute, die glauben, in einem sehr fernen Land auf Umstände zu stoßen, die mit den Quälereien in deutschen Firmen nichts zu tun haben.

Die – zumeist rasch an der Wirklichkeit zerschellende – Vorstellung von einem Laisser-faire liegt solchen Entscheidungen zugrunde, Illusionen von einem Easy Going, das der Deutsche nicht kenne, dem dafür aber der Kanadier, der Italiener, Spanier oder Texaner wie nichts sonst verpflichtet sei. Das Privatfernsehen lenkte sein Interesse vor nicht allzu langer Zeit verstärkt auf die Darstellung von Lebenswegen enttäuschter deutscher Menschen, die sich kurzerhand entschlossen hatten, ihr Land zu verlassen, weil es ihnen aufgrund der Schwierigkeiten, die sie dort hatten, verhasst war. Die Kamera und mit ihr der Fernsehzuschauer fand diese Leute dann in einem schönen fernen Land wieder, wo sie wiederum in einem zähen Ringen um Arbeit und Sozialstatus standen. Es klappte dort einfach nicht, so sehr sie sich bemühten, Arbeit zu finden. Aber zurück wollten die wenigsten, weil sie die Erfahrungen, die sie als arbeitende Menschen in Deutschland gemacht hatten, als so demütigend empfanden, dass ihnen eine langsame Verarmung in Paraguay weniger furchterregend vorkam. Als durch Reisen in fernere Länder halbwegs vorgebildeter Fernsehzuschauer saß man mit verschränkten Armen im Fernsehsessel, weil man zu ahnen glaubte, wie die Mechanismen des Scheiterns in der Dokumentation offenbar würden: Ein Mann hat es in Deutschland nicht geschafft, den Anforderungen seines Büros gerecht zu werden, weil er sich vom dort herrschenden Zwang und der Überbeanspruchung gedemütigt fühlte. Leider aber gehören ein gewisser beruflicher Zwang, Leistungsdruck und die damit verbundenen Disziplinierungen seitens der Chefs auch in anderen Ländern zur Arbeitswelt. Man kann es drehen und wenden, wie man will: Wer in Deutschland ausbrennt und mit letztem Glühen nach Vancouver fährt, um dort vom Geist der Freiheit angefacht zu werden, wird elend verglimmen, weil er den gleichen Ärger auch dort vorfindet.

Nur wenige haben es geschafft. Ein Mann mit starkem norddeutschen Akzent hat sich ohne Sprachkenntnisse nach Amerika aufgemacht und ist dort ohne große innere Verrenkungen zu einer Art Cowboy geworden. Nachfolgende Dokumentationen über ihn zeigen einen einfachen, aber fröhlichen Endvierziger, der mit Schusswaffen hantiert und Glück und Wohlstand in der Rinderzucht gefunden hat.

Das wahre Aussteigertum ist in Deutschland eher eine Ausnahme, vornehmlich eine Sensation, weniger eine Alternative. Die realistische Fluchtkulturtechnik ist das Sabbatical. Beim Sabbatical handelt es sich um eine Abmachung des Ausgebrannten mit seinem Arbeitgeber, für eine Weile dem Betrieb fernzubleiben zugunsten eines sinnvollen Projekts. Das kann der Plan für ein Buch über Burnout sein, es kann aber auch die schöne Entscheidung bedeuten, mithilfe einer mehrmonatigen Sprachschulung Kultur und Geheimnis eines Landes, für das man immer Sympathie empfand, näher zu ergründen. Man kann aber auch in ein Kloster gehen. Viele ausgebrannte Prominente gehen in Klöster, wo sie aber, wie man hört, weniger Exerzitien machen, als einfach nur den klösterlichen Rückzug, die krasse Entweltlichung genießen. Es ist ein interessantes Phänomen unserer sinnentfremdeten Zeit, dass wir im Erschöpfungszustand ausgerechnet die Orte aufsuchen, an denen über Jahrhunderte hinfort Sinnstiftung bis dorthinaus betrieben wurde, dass wir aber mit der Sinnstiftung eher nicht belästigt werden möchten, sondern nur ungestört und unerreichbar sein wollen. Auch auf dem Jakobspilgerweg werden die wenigsten von religiöser Verzückung heimgesucht, sondern erleben dort, wie gesagt, das gemeinschaftliche Gefühl der Ehrlichkeit und der Offenheit. Und das reicht ihnen im Allgemeinen aus.

Im Sabbatical können wir uns innerhalb einer mit dem Arbeitgeber ausgehandelten Frist besinnen. Wir können uns fragen, ob wir, nachdem wir Französisch und danach vielleicht noch Griechisch gelernt haben, wirklich wieder in unseren elenden BlackBerry-Job zurückkehren möchten, oder ob wir aus der Sabbatical-Erfahrung eine Tugend machen und sagen: Ich kann jetzt Griechisch und Französisch und mache einen Feinkosthandel auf, der Produkte dieser beiden auf den ersten Blick unvereinbaren Kulinarkulturen anbietet.

Seltsam ist es schon, dass eine Gesellschaft, die so frei ist wie unsere, ihre Mitglieder so freiheitsdurstig zurücklässt. Eigentlich hätten wir alle Möglichkeiten, uns so zu entfalten, wie wir es möchten. Keine Mauer umschließt unser Land und unsere gesellschaftlichen Bindungen sind, nun ja: unverbindlich. Trotzdem wagen es nur wenige, ihr Leben zu ändern, wie Rilke es in seinem Gedicht *Archaïscher Torso Apollos* gefordert hat. Stattdessen schauen wir uns Geschichten von Menschen an, die das versucht haben. Und die gescheitert sind, was uns auch wieder irgendwie beruhigt.

SINN UND SELBSTZWEIFEL

Natürlich ist es in unserer an Identifikationsangeboten reichen Gesellschaft nicht mehr so einfach, unverwechselbar zu sein. Den wenigsten Menschen gelingt es wahrscheinlich, sich in ihren Berufen dergestalt zu verwirklichen, dass sie das Gefühl haben, sie arbeiteten nicht für eine Firma, einen Chef, ein Produkt, sondern für eine Idee, die im Idealfall ihre eigene Idee ist oder zumindest eine, mit der sie sich in höherem Maß identifizieren können. Das ist insofern ein Dilemma, als dass wir, wie gesagt, immer narzisstischer geworden sind. Wir wollen doch bitte einerseits aufgehen in unserer Arbeit, unseren Beziehungen und dafür auch noch gelobt und belohnt werden. Andererseits sind die Verhältnisse nicht so, dass wir Lob und Liebe in dem Maß bekommen, wie wir sie brauchen. An allen Fronten müssen wir tätig und effektiv sein. Wir stehen in der Pflicht, uns Tag für Tag in Beruf und Privatleben zu beweisen. Gleichzeitig rutscht uns aber unsere Empathie den Bach runter. Für wirkliche Freundschaften haben wir nur noch wenig Zeit, was wir zu brauchen vermeinen, holen wir uns aus den sozialen Angeboten des Internets, eine Palette, die groß erscheint, letztlich aber dazu dient, uns eher unzufrieden zurückzulassen. Das mag auch daran liegen, dass unsere Fähigkeiten im Hinblick auf größere Freundeskreise eher eingeschränkt sind. Anthropologen behaupten ja, der Mensch sei ursprünglich in der Lage gewesen, Kontakte zu kaum mehr als 100 Menschen zu unterhalten. Mehr konnte er geistig, seelisch und sozial nicht verarbeiten. Mit der Herausbildung der ersten mächtigen Staaten hatte man es plötzlich mit 100 000 Leuten zu tun, eine Menge, der man den Begriff »Menschheit« gab. Wie sollte man nun wiederum mit denen verfahren? Diese Art von Freundschaftsüberforderung kennen wir heute vor allem aus den sozialen Netzwerken, die übrigens auch das Phänomen des Aussteigers hervorrufen. Menschen, die ihren Facebook-Account löschen, werden immer zahlreicher, und die Reaktionen auf diese virtuellen Abschiede klingen oft so, als habe ein besonders verzweifelter Mensch sich das Leben genommen.

Also müssen wir uns letzten Endes auf uns selbst besinnen und gehen dabei erbarmungslos in die Falle unseres eigenen Ichs. Denn für respektive gegen das, was in uns vorgeht, haben wir keinen vernünftigen Plan. Wir beginnen an unserem Lebensplan zu zweifeln und erkennen in diesem schönen Vorgang sofort eine böse Krankheit. Wir wissen, dass irgendetwas nicht stimmt, aber wir haben keine Ahnung, was es genau sein könnte: »Das Unbehagen«, schreibt der Soziologe Alain Ehrenberg, »ist zunehmend zu einem Merkmal unserer Lebensweisen geworden.« Und das Schöne ist: Es gibt einen Markt und eine Öffentlichkeit, die uns mit diesen Leiden freudig empfangen. Unser Unbehagen hat einen gesellschaftlichen Wert bekommen, es ist gewissermaßen eine handelbare Marke geworden, handelbar im wirtschaftlichen wie im sozialen Sinn. Wer ausgebrannt ist, kann sich einer breiten

Aufmerksamkeit sicher sein. Es reicht schon, die Symptome zu schildern, den unerträglichen Leistungsdruck für die seelische Schieflage verantwortlich zu machen, und schon steht man als Held pars pro toto da – als Denkmal des unbekannten Ausgebrannten, dem so viele Leistungsträger in diesem Land ihre trockenen Kränze vor die Füße legen können. Die Erschöpfung ist heute nur dann etwas wert, wenn sie das Gütesiegel des Pathologischen hat. Der Zweifel an uns selbst, an unserem Tun und an unserer Rolle im Großen und Ganzen ist nichts weniger als der Beginn einer individuellen Krankheit, in deren Verlauf wir uns individuell bemitleiden, individuell therapieren und individuell bewundern lassen müssen. Der Egotrip Burnout führt uns durch viele Instanzen, in denen wir in unserer ausgestellten Hilflosigkeit ganz persönlich bestätigt werden. Während im 19. Jahrhundert, als sich Psychologie und Neurologie verschwisterten und einen ersten Bewegungscharakter unter dem Namen Neurasthenie annahmen, die Depression eher die Ausnahme war, ist sie heute die Regel. Sie besitzt einen sozialen Status. Zu einer ausgeformten Persönlichkeit gehört inzwischen zwingend eine Geschichte der seelischen Deformierung – schlechte Kindheit, üble Ehe, Bindungsängste und was nicht alles. Und wenn man endlich den Status Burnout erreicht hat, werden all diese individuellen Deformierungen abgerufen und in den Zusammenhang mit der eigenen Ausbrennung gestellt. Miriam Meckels Buch ist ein schönes Beispiel dafür, wie man Verletzungen und Katastrophen des Lebens in den Kontext seiner augenblicklichen Verfassung stellt. Ein Mensch, der einerseits durch schlimme Erfahrungen vorgeprägt und sensibilisiert ist, muss ja irgendwann zusammenbrechen. Und dann muss er in persönlichen Gesprächen und Therapien wieder ins Lot gebracht werden.

Die anderen, denen es ähnlich geht, werden auf Distanz gehalten. Mal ein Ausflug ins Dorf, mal eine gemeinsame Gesprächstherapie. Aber letzten Endes geht der Burnout-Held ganz alleine durch die Aventiure seines Leidens, schließlich muss er hinterher ja auch etwas vorweisen: die Leistung nämlich, aus der unverschuldeten Übermüdung in den Zustand der gewohnten Verfügbarkeit zurückgekehrt zu sein.

Ach, nicht mehr weiterzuwissen, ach, Zweifel zu spüren an dem, was man täglich tut und was mit einem gemacht wird – was für eine wunderbare Gabe ist das doch! Sie ist eine der besten Eigenschaften, die der Mensch besitzt, und vermutlich eine der gesündesten dazu. »Eine Erkenntnis, zu der ich mich beglückwünschen könnte«, schreibt Sibylle Berg in ihrer Kolumne auf *Spiegel online* und fügt hinzu, dass die Depression ja wohl der natürliche Geisteszustand des Menschen sei.

Wenn wir in den allgemeinen Optimierungswahn einstimmen sollen, dann möchten wir unsererseits dazu aufrufen, den Selbstzweifel zu optimieren. Was soll uns daran hindern zu sagen: »Der Job, den ich ausübe, ist ein elender Kompromiss, ich wollte eigentlich Naturlyriker werden?« Und weil ich im Grunde meines Herzens eine ziemlich große Distanz zu diesem Beruf habe, kompensiere ich diese Distanz, indem ich bis tief in die Nacht vor meinem Schreibtisch hocke – bis mein trauriges, erschöpftes Gesicht sich in der dunklen Fensterscheibe spiegelt. Ich habe Zweifel, ob das, was ich für meinen Arbeitgeber leiste, ausreichend ist. Meine Reaktion darauf: Ich arbeite möglichst viel, um etwaige qualitative Lücken durch Quantität aufzufüllen. Stattdessen könnte ich auch sagen: Der Posten, auf dem ich sitze, überfordert mich derart, dass ich mit dem Gedanken spiele, mich freiwillig ein bisschen degradieren zu lassen. Ich bin bereit, auf Geld zu verzichten, und nehme dafür eine Tätigkeit an, bei der ich meine volle Arbeitskraft einbringen kann, aber ohne ein Gefühl der Leere nach Hause gehe, weil ich alles geschafft habe, was ich wollte.

Natürlich ist das Wunschdenken. Kein Mensch wird ohne Weiteres eine hierarchische Herabstufung in Kauf nehmen, dafür spielt das Hierarchische in unserer Geschäftswelt eine viel zu große Rolle. Manchmal reicht es aber auch, sich die Alternative vor Augen zu führen, um zu wissen: Es gibt einen anderen Ausweg, ich kann das, woran ich leide, auch drangeben, wenn es gar nicht mehr geht. Wer die zunehmende Sinnlosigkeit seiner Arbeit erkennt und eingesteht, muss dann natürlich zum nächsten Schritt übergehen: entweder er schmeißt alles hin oder er versucht sich in Sinnstiftung.

Aber wie zum Teufel bekomme ich es hin, mein Leben mit Sinn zu füllen? Wie gelingt es mir, mich von meinem Drang zu distanzieren, das eigene Leben stets mit denen der anderen zu vergleichen, die scheinbar mehr aus sich gemacht haben? Vielleicht indem man sich vor Augen führt, dass es nun einmal immer Lebensentwürfe gibt, die uns gelungener, eleganter, abenteuerlicher und erotischer erscheinen. Der eine Kollege hat die attraktivere Frau, die begabteren Kinder, sein Haus befindet sich in einer günstigeren Lage. Und dann ließe sich in einem zweiten Schritt überlegen, ob man sich früher, als man noch nicht unter der Knute des Arbeitslebens stand, auch ständig mit anderen verglichen hat. Vermutlich wird man zu dem Ergebnis kommen, dass man sich in freieren Jahren reichlich wenig um die Lebensentwürfe anderer geschert hat. Man hatte seinen eigenen Weg vor sich, den man für richtig hielt und der es nicht nötig hatte, an anderen gemessen zu werden. Erst als man einiges hinter sich hatte, Familie, Karriere und einen satten Lebensabschnitt, begann die Qual des Abgleichens. Man hat den Sinn der eigenen Lebenswelt verloren und sucht sich nun Sinnanleihen bei anderen. Aber wie soll das funktionieren? Schließlich sind Lebensmodelle und deren Sinnhaftigkeit nicht übertragbar.

Experten und Freunde der gesellschaftlichen Analyse reden gerne davon, dass unsere Sinnressourcen erschöpft seien. Das gelte für unsere individuellen Potenziale an Sinnhaftigkeit genauso wie für die Sinnstiftungen der Politik. Es steckt die sonderbare Vorstellung dahinter, dass unsere Gesellschaft oder Teile von ihr Sinn gebunkert hätten wie eine alternative Währung für den Fall des Euro-Crashs. Aber muss Sinnhaftigkeit nicht immer neu geschaffen werden und geht es letzten Endes nicht nur in der Gemeinschaft? Es ist jedenfalls eher unwahrscheinlich, dass sich Sinn durch ein tetesept-Sinnenbad durch die Poren einsaugen lässt. Er kommt auch nicht zu uns, indem wir Grenzerfahrungen wie Schlafentzug in der Burnout-Klinik machen oder auf kohlehydratefreies Essen setzen. Angebote an Sinn gibt es immer noch genug, man kann die Religionen zu Hilfe nehmen oder sich das, was man in einem bestimmten philosophischen Weltbild als reizvolles Sinnangebot empfindet, herauspicken. Oder man entscheidet sich für die nächstliegende und vermutlich am einfachsten zu bewerkstelligende Sinnschöpfung, den Ausweg aus der Ich-Falle, und geht dreimal die Woche mit Freunden ein Bier trinken, das wäre auch nicht der dümmste Einfall.

Aber wir Ausgebrannten möchten den einfachen Weg gar nicht gehen. Wir haben uns darauf versteift, obsessive Innenschau zu betreiben, und benehmen uns wie vom internationalen Geschäft abgekoppelte Staaten, die ihre Erträge nur nach innen ausrichten. In der Ökonomie nennt man dieses System »self-reliance« und meint damit eine eher unproduktive Eigenständigkeit, welche die Teilhabe der anderen weitgehend ausschließt. »Die Frage ›Was fühle ich?‹ wird zur wahrhaften Obsession«, schreibt der amerikanische Soziologe Richard Sennett, und genau von dieser Obsession lebt der Burnout-Mythos. Wir tasten ständig unsere Seele ab und wenn wir ein Knötchen entdeckt haben, brechen wir zusammen. Was wir mit diesem Fetisch betreiben, ist ein Narzissmus, bei dem die Eigenliebe mehr und mehr durch den Wunsch nach Kontrolle ersetzt wird. So wie uns das Internet kontrolliert, so wie der Chef uns mit seinen restriktiven Arbeitszeiten beutelt, so kontrollieren und beuteln wir uns selbst mit unserer permanenten Ich-Besichtigung. Wir sind auf der Suche nach Authentizität, ein Wort, das wir inzwischen so selbstverständlich benutzen wie Coffee to go. Aber wir finden nur eine unendliche Leere, die uns unendlich müde macht. Und das ist kein Wunder, wenn man unsere Sinn-Schnüffelei nur einmal menschheitsgeschichtlich betrachten würde. Kein Mann, keine Frau des Mittelalters, der Renaissance, der Aufklärung oder des Bürgertums wäre auf die Idee gekommen, einen Sinn aus sich selbst zu schöpfen. Sinnstiftung war immer ein Akt der Gemeinschaft. Nur im Wechselspiel mit anderen konnte man sein eigenes Leben als sinnreich betrachten, schließlich ist es ja dazu da, das Wohl der Gemeinschaft mitzugestalten. Das ist die Grundidee jedes Staates. Wie es aber aussieht, sind die meisten es inzwischen sogar müde, sich mit dem Staat und seinen Begleiterscheinungen auseinanderzusetzen. Kräftige politische Verwerfungen wie die gegenwärtige Schulden- und Finanzkrise in Europa scheinen zwar viele Deutsche zur Kenntnis zu nehmen, sie sind ihnen aber offensichtlich gleichgültig. Affären um Politiker werden bestenfalls kopfschüttelnd begleitet, ein besonderer Zorn oder auch nur eine markante moralische Wertung bleibt jedoch aus. Das wird alles den Zeitungen und Fernsehsendern überlassen. Die gewaltige Krise, die sich in der Welt Tag für Tag zeigt und immer größer und schwieriger zu bestehen wird – im zivilisatorischen Nahbereich ist sie nicht angekommen. Oder sie wird im Handumdrehen umgemünzt in persönliche Krisen. Der große Crash, so könnte man glauben, findet inzwischen nicht mehr auf den Finanzmärkten, in den Banken und auf dem Börsenparkett statt, sondern in den Innenwelten der Leistungsträger unserer Tage.

Mag sein, dass der Sinnverlust einhergeht mit dem allmählichen Abdanken der Kirchen und ihrer spirituellen Angebote. Der kluge und witzige englische Literaturwissenschaftler Terry Eagleton schreibt in seinem Essay *Der Sinn des Lebens*: »Was den Glauben angeht, reist die Postmoderne lieber mit leichtem Gepäck. Sie glaubt so manches, doch sie hat keinen Glauben.« Das ist ein Schlüsselsatz für das Verständnis unserer Sinnmüdigkeit. Was die großen Religionsgemeinschaften nicht mehr so recht leisten können, übernehmen nun die Servicedienstleister.

UNSER SCHÖNER NEUER KRANKHEITSKATALOG

Am schnellsten und wirksamsten haben deshalb auch die Gesundheitspolitik und die an sie gekoppelte Industrie von unseren ausgeschöpften Sinnressourcen und der damit einhergehenden großen Müdigkeit Wind bekommen. Sie brüllt uns ihren krank machenden Entspann-dich-Befehl in die Ohren und flankiert diesen mit entsprechenden therapeutischen Angeboten. Nach jeder psychischen Verwerfung können wir uns mit Medikamenten neu einstellen lassen, das ist vermutlich leichter, als sich selbst mühselig eine Einstellung zum Leben zu erarbeiten. Wir entspannen uns bis zum Umfallen. Wenn wir joggen gehen, tragen wir noch zwei Hanteln in den Händen, und das Smartphone haben wir auch in der Jogginghose, denn die Kombination aus Sport und Arbeit hat einen ganz besonders eleganten Charme. Das Fatale an all diesen Entspannungsangeboten ist, dass sie den Narzissmus eher fördern als einfrieden. Denn all diese Relaxationen gönnt sich der Gestresste zumeist allein, das heißt ohne einen Bezug zu anderen. Die soziale Handlung fehlt in diesen Druckabbaugeschichten, und damit findet sich der Ausbrennende letztlich auf sich selbst gestellt wieder und er demonstriert gleichzeitig seine berufliche Unabkömmlichkeit wie seine körperliche Fitness.

Wenn wir von spirituell berufener Seite schon kaum Hinweise bekommen, wie wir zu leben haben – die Gesundheitsindustrie nimmt uns gerne an die Hand. Sie erklärt uns, dass wir möglichst alles dafür tun müssen, um lange und gesund zu leben, und rechnet uns vor, welchen Ertrag an Lebenszeit wir zu erwarten haben, wenn wir auf bestimmte Dinge verzichten. Die Gesundheit ist der oberste Primat, und wer in dieses Credo nicht einstimmt, ist verdächtig. Vermutlich kommt die Gesundheitsdiktatur aus den USA, wo man seit einigen Jahren einerseits kräftig dabei ist, das Sterben mittels ausgewogener Ernährung abzuschaffen, andererseits an der Idee, verurteilte Mörder mit der Giftspritze aus der Gemeinschaft der Gesunden zu komplimentieren, immer noch Gefallen findet. Der New Yorker Bürgermeister Michael Bloomberg ist einer jener radikalen Gesundheitsbefehlshaber. Er hat zum Beispiel die Order ausgegeben, dass sämtliche Fleischauslagen in den Metzgereien der Stadt mit ihrem jeweiligen Fettgehalt gekennzeichnet werden. Wem da nicht der Appetit und die Lust am Essen insgesamt vergeht, muss ein besonders hartgesottener Zeitgenosse sein. In den Parks darf nicht mehr geraucht werden – wohlgemerkt unter freiem Himmel, wo eigentlich nur Vögel und Eichhörnchen Gefahr laufen, ein Bronchialkarzinom infolge Passivrauchens zu bekommen. Immerhin ist die Anzahl der Raucher in New York innerhalb von sieben Jahren um acht Prozent gesunken. Was ja kein Wunder ist, schließlich kann man sich nirgendwo mehr eine Zigarette anzünden. Wenn der Bürgermeister die Einstellung der Atemtätigkeit forderte, würden ja auch sämtliche Einwohner New Yorks sterben.

Natürlich ist der Reglementierungs- und Gesundheitswahn schon längst nach Deutschland eingewandert, wir werden später noch ausführlich darauf zu sprechen kommen.

Die Fetischisierung der Gesundheit und der verbissene Kampf um ihre Erhaltung gehen vermutlich mit dem Verlust der spirituellen Trostangebote einher. Wenn wir nicht mehr an den lieben Gott und seine Allmacht glauben können, müssen wir an den Arzt und sein Versprechen glauben, alles in seiner Macht Stehende zu tun, um uns länger am Leben zu halten. Wir sind gezwungen, das ewige Leben leider schon im Diesseits anzutreten, weil wir hinterher keine Möglichkeit mehr sehen, unsere Seele baumeln zu lassen. Die Gesundheitsindustrie ist auch allzeit bereit, uns in unseren krankhaften Bemühungen, gesund zu bleiben, größtmögliche Schützenhilfe zu geben. Sie bietet uns Krankheiten an, die es eigentlich gar nicht geben müsste und unter denen wir vermutlich nicht leiden würden, wenn wir von ihnen keinen Begriff hätten. Aber weil die Gesundheitsindustrie zu diesen erfundenen oder halb erfundenen Krankheiten gleich den Heilungsschlüssel mitliefert, nehmen wir das Angebot gerne an. Die All-inclusive-Idee, eines der schönsten Heilsversprechen der letzten Jahre, überzeugt uns immer wieder aufs Neue, denn eine Krankheit samt mitgelieferter Therapie ist ein verlockendes Angebot. Das Aufmerksamkeitsdefizit-Syndrom nehmen wir als Diagnose-Geschenk gerne schon mal für unsere Kinder mit nach Hause, damit die sich früh genug daran gewöhnen können, dass es für jedes Abweichen von der Norm ein probates Krankheitsbild gibt. Und die entsprechenden Medikamente dazu. Die Gesundheit ist inzwischen erste Bürgerpflicht geworden. Wir haben uns gefälligst alle so zu verhalten, zu ernähren und zusammenzureißen, dass wir möglichst lange leben, und das bitte auch noch im Vollbesitz unserer geistigen und körperlichen Kräfte. Es ist grauenhaft, wie wenig wir uns noch trauen, dekadent und weltverachtend zu sein. Kein Gedanke mehr daran, dass wir in einer ziemlich absehbaren Zeit tot und steif im Sarg liegen und bald darauf kein Hahn mehr nach uns kräht. Statt uns ständig von irgendwelchen Life-Balance-Predigern den Puls messen zu lassen, sollten wir uns als Gegengift zu unseren Optimierungsfantasien einen Nachmittag in der Alten Pinakothek in München gönnen und uns anhand der dortigen Gemälde mal ansehen, was die Menschen vor 500 Jahren gefürchtet haben. Die Krankheit? Warum sollten sie sich vor ihr fürchten? Sie hatten sie bereits und wenn nicht, war sie zuverlässig im Anmarsch in Gestalt von Pest, Cholera oder Syphilis. Den Tod? Brauchten sie nicht zu fürchten, denn er war stets gegenwärtig. Nein, damals bangten die Menschen vor dem, was hinterher kommt – die Hölle, wie sie Rubens gemalt hat – fette, vollgefressene, kurz: sündige Leiber, die in eine dunkle Tiefe stürzen und dortselbst von ekelhaften Monstern verspeist werden. Das Burnout kam erst nach dem Tod, in der Hölle, und es war kein Warnsignal, sondern klare Urteilsvollstreckung. Vorher machte man seine Arbeit, pflanzte sich fort und sah zu, dass man alles möglichst glatt über die Bühne brachte. Das Leben hatte eine Kurve, und wenn die zu Ende beschrieben war, konnte man seine Sachen packen und gehen. Der seinerzeit große, heute vergessene Barockdichter Paul Fleming schrieb sich in seine eigene Grabinschrift die Worte: »Was bin ich viel besorgt, den Othem auffzugeben? An mir ist minder nichts, das lebet, als mein Leben.« Also eigentlich nichts, um das man großes Gewese machen müsste. Natürlich empfanden die Menschen früherer Jahrhunderte auch Trauer, Angst, Wut, Überforderung – wie auch nicht, bitte schön. Schließlich haben ein paar religiös durchgeknallte Staatenlenker einen 30 Jahre dauernden Krieg angezettelt, bei dem alles dem Erdboden gleichgemacht wurde, was die Menschen als Grundlagen ihrer Existenz ansahen. Aber das nur nebenbei.

Heute führen viele von uns den Dreißigjährigen Krieg gegen sich selbst. Und wenn sie merken, dass sie auf ihrem inneren Schlachtfeld nicht mehr weiterkommen, weil sie sich mit ihrer Seele aufs Schmerzhafte verzahnt haben, müssen die Mediatoren her. Wir leben im Zeitalter der Mediation. Wenn die Diagnose Burnout lautet, muss ein unabhängiger Mensch an uns herantreten, der unsere verfeindeten Ich-Welten wieder miteinander versöhnt. Das Arbeits-Ich mit dem empfindsamen Leiden-Ich. »Kommt, vertragt euch wieder«, sagt der Mediator. »Ich führe euch beide erst einmal auf neutrales Gebiet. Das kann eine sündhaft teure Burnout-Klinik am Chiemsee sein, wo es für jedes einzelne Ich ein Handtuch mit einer bestimmten Farbe gibt, das kann sogar ein Bauernhof in Schleswig-Holstein sein, wo ihr staunend feststellen werdet, dass es auch Lebensformen gibt, die keinen eigenen E-Mail-Account unterhalten und nicht auf Facebook sind, weil es sich bei ihnen um Schweine, Pferde und Ziegen handelt.« Wobei es mittlerweile auch Haustiere geben soll, die in sozialen Netzwerken angemeldet sind. Da wir schon einmal bei dem Thema sind: Die Kunde, dass auch Tiere ein Burnout erleiden können, erreichte uns kurz nach der Verleihung der Oscars in Hollywood. Damals musste der durch den Film *The Artist* bekannt und beliebt gewordene Jack-Russell-Hund Uggy aus dem aktiven Filmgeschäft gezogen werden, weil er Symptome des Burnouts zeigte.

Die Gesundheitsindustrie setzt auf unsere komplette Verblödung und rechnet mit unserer kulturellen Verkrüppelung. Erwachsene Menschen sollen in Tierfelle fassen, um zu spüren, wie sich die Natur anfühlt. Manager und Consulting-Chefs werden angehalten, mit rostigen Hollandrädern unkultivierte Feldwege entlangzufahren, um endlich mal zu spüren, wie der Ackergrund beschaffen ist. Die Therapiekultur will, dass wir unsere zivilisatorischen Fertigkeiten vergessen und stattdessen wieder zu kleinen Kindern retardieren, die durch Fühlen und Riechen an die Welt gewöhnt werden.

Wer angesichts seiner kommunikativen Übersteuerung einen Kurzschluss erleidet, ist naturgemäß ein geschwächter Mensch. Und die Geier der Gesundheitsindustrie stürzen sich auf ihn: Mach dich klein, sei wieder ein Kind, sei ein Mensch, der nicht mehr vernetzt ist, sondern über die Spinne und ihre wunderbare Netzfertigungskunst staunt: Hast du vergessen, wie frisch ein Brot riecht? Weißt du eigentlich noch, wie sich nasses Gras anfühlt, wenn du mit nackten Füßen darübergehst?

Ja, jeder weiß das noch, und für manche ist die Erinnerung an nasses Gras schön, andere verbinden einfach nur nasse und kalte Füße damit. Aber wenn man es als Wiedererfahrungsdiktat aufgebrummt bekommt, ist es zwangsläufig mit dem Gefühl der Scham verbunden. Ach Gott, das habe ich alles vergessen? Wie ein Pferd tritt und ein Schwein rülpst? Was für ein zivilisationsverkommener Idiot ich doch geworden bin! Wie konnte es nur so weit kommen mit mir? Und in dem grünen Tee ist wirklich ein Stück ungespritzter Ingwer drin? Danke für alles! Die Idee, dass man, um Stress abzubauen, auch gleich seine ganze Persönlichkeit mit reduzieren muss, ist einer der abenteuerlichen Gedanken der Burnout-

Therapie. Warum glaubt man, dass Medienconsulter, die einen Esel gebürstet haben, später besser auf sich achtgeben werden? Es ist vermutlich die Sehnsucht danach, sich von den Malaisen der Zivilisation insgesamt zu verabschieden, und nicht nur von dem Teil, der einem das Leben schwer gemacht hat. Wer einmal groß und einflussreich im Beruf war, sehnt sich danach, klein und wirkungslos zu werden. Es gibt tausend Therapien und Atmungstechniken, wie man den Schmerz der Überforderung wegbekommt. Aber wie man zu einer grundsätzlich souveränen Lebenshaltung kommt, kann uns im Zeitalter der Therapien und Diagnosen keiner sagen.

DIE GROSSE
ZUKUNFTSMÜDIGKEIT

Wozu sollen wir uns eigentlich abrackern? Wir wissen doch, dass wir in eine Zukunft hineinarbeiten, in welche wir unseren Lebensstandard vermutlich nicht einmal teilweise retten können. Wir schauen in Nachbarländer, deren Gesellschaften unseren zwar nicht in jedem Fall gleich, aber doch sehr ähnlich sind. In Griechenland erleben wir den Verfall von Wohlstand und gutem Leben im Zeitraffer. Wer dieser Tage durch die Straßen Athens geht, mag denken, er sei in einem fast vollständig prekarisierten System angekommen, an den Rändern der Großstadt sieht es aus wie in einer osteuropäischen Metropole der 70er-Jahre, wie in Bukarest oder Sofia. Dabei beschleicht uns das klamme Gefühl, dass es uns in einigen Jahren, vielleicht auch erst in einigen Jahrzehnten, genauso ergehen könnte. Ähnlich wie die Griechen haben wir viel zu komplizierte Verwaltungen, ein viel zu vertracktes Steuersystem und sind verschuldet. Was noch funktioniert, sind unsere Exportgeschäfte und das damit verbundene Wachstum. Aber eine Garantie auf dauerhafte Prosperität haben wir nicht, und das wissen wir auch.

Aber während wir unsere Angst in Kopfschmerzen, Prokrastination und Tinnitus ableiten, sehen wir, wie andere Länder ihre Angst in Wut und Aktion ummünzen. Griechenland ist das erste europäische Land mit wirtschaftlichem und gesellschaftlichem Total-Burnout. Aber die Reaktionen sind brennende Plätze, eingeworfene Schaufensterscheiben und ein spektakulärer Selbstmord auf dem Verfassungsplatz mitten in der Athener Innenstadt. Wir sehen das mit Sorge, mit Abscheu und Entsetzen. Denn uns ist auch bewusst, dass der Untergang unseres westlichen Kapitalismus auch den Untergang unserer zivilisatorischen Errungenschaften mitbedingen kann. Wir sehen, dass es tatsächlich einmal passieren könnte, dass man seine Bankkarte in einen Automatenschlitz schiebt, und es kommt kein Geld heraus. Dass man in einen Supermarkt geht und eine bestimmte Biersorte nicht vorfindet. Man findet sie auch am nächsten und übernächsten Tag nicht vor, und selbst in der Woche darauf bleibt die Stelle im Regal leer. Auch die Butter ist nicht gekommen, ein paar Joghurtsorten wurden ebenfalls aus dem Bestell-Sortiment genommen. Wo ist da die Gerechtigkeit?, mögen wir uns fragen, wenn wir einmal ganz besonders metaphysisch gestimmt sind: Wir arbeiten Tag und Nacht am Kapitalismus, wir stehen Stunde für Stunde einem Dienstleister zur Verfügung, wir entwerfen Programme und Konzepte und ahnen, dass wir all dies angesichts einer Zukunft tun, die für viele von uns Deklassierung, für einige sogar den großen Abstieg bedeutet. Dieser Abstieg findet, so kommt es uns vor, ohne unser Zutun und ohne unsere Einflussnahme statt. Also ist er ungerecht und auf Ungerechtigkeiten reagieren wir Deutschen nur in Leserbriefen und Internet-Blogs wütend. Im Leben verfallen wir in Angst und Resignation.

Geschichten von Menschen, die ganz oben waren und nun ganz unten sind, gehören zum erzählerischen Repertoire unserer Gesellschaft. Uns sind die Opfer näher als die Gewinner, weil wir meinen, einer Zukunft entgegenzublicken, in der uns lediglich ein Grundstock an Lebensqualität gewährleistet wird, in der wir uns also auch eher als Verlierer wiederfinden. Manche dieser Opfergeschichten kommen uns tröstlich vor, andere interpretieren wir als Sieg des Menschen über das elende System, wie zum Beispiel der als Erfolgsgeschichte verkaufte Niedergang des ehemaligen Frankfurter Bankers Thomas Brauße, der auf dem Höhepunkt der Finanzkrise seinen hoch bezahlten Job verlor und daraufhin auf dem Gelände des Bankenviertels eine Würstchenbude mit dem ironischen Namen »Frankfurter Worschtbörse« eröffnete. Die Möglichkeit, all die Techniken des Erfolgs über Bord zu werfen, sehen wir als letzten Trumpf. Aber in Wirklichkeit ist der ehemalige Banker, der jetzt eine Würstchenbude betreibt, eine Ikone des Absturzes, heiter verkleidet als Unbeugsamer, der aus der Not eine Tugend gemacht hat. Wer einmal einen Haufen Geld verdient hat und auf diesem Reichtum seinen Lebensstil gegründet hat, wird nicht in der unverschuldeten Bescheidenheit glücklich. Solche modernen Märchen lehren allerhöchstens, dass wir uns – sei es mit oder ohne Ironie – von den Sicherheiten eines festen Einkommens verabschieden müssen.

»Was ist in unseren Gesellschaften schiefgegangen, dass sie vom Übermut in die Depression abgleiten, während der Rest der Welt in die Geschichte zurückkehrt, sich auflehnt und mit großer Geschwindigkeit entwickelt?« So fragt der französische Schriftsteller und Philosoph Pascal Bruckner in einem Aufsatz. Nein, Revolutionen sind eher Sache derer, die jahrzehntelang ungeübt waren in der Kritik am Staat und seinem Gewaltmonopol. Nur wenige Menschen gehen in Deutschland auf die Straße, um gegen die Allmacht der Banken zu kämpfen. Gegen die schleichende Prekarisierung hält niemand ein Transparent hoch, Deklassierung mag man sich nicht eingestehen. Und wenn sie doch eingetreten ist, gibt man sich den Anschein, lässig genug zu sein, eine andere berufliche Identität angenommen zu haben, und sei es die des Würstchenbraters. Das Prinzip der Herabstufung ist uns mittlerweile ein wohlvertrautes Alltagsphänomen. Ratingagenturen zeigen wöchentlich, wer nicht mehr in der Lage ist zu zahlen oder wer demnächst nicht mehr dazu in der Lage sein wird.

Während in anderen Ländern die Plätze brennen, brennen wir aus. Wir sehen in Marokko, Tunesien, Ägypten und Syrien, wie Völker, deren Lebensbedingungen so viel schlechter sind als unsere, die Kraft aufwenden, ihre blutigen Herrscher zu stürzen oder zumindest so wirkungsvoll gegen diese vorzugehen, dass sie in der Welt geächtet werden. Wir haben gehört, dass die Empörung eine gute Haltung ist. Dass es wichtig ist für eine aufgeklärte Gesellschaft, sich den Gesetzen der Banken nicht zu beugen, sondern die Freiheit des Einzelnen zum Maßstab von politischem und gesellschaftlichem Denken zu machen. Das hat uns kein junger flammender Revolutionär gepredigt, sondern ein sehr gelassener Mann von 93 Jahren, nein, nicht Helmut Schmidt ist gemeint, auf den wir immer hören, weil seine Zigarette nicht ausbrennt und weil er uns eine Illusion vom nicht reglementierten Leben schenkt. Nein, es war der französische Diplomat und Schriftsteller Stéphane Hessel, der in einer schmalen Broschüre, die innerhalb weniger Wochen ein Millionenpublikum fand, die größten Selbstverständlichkeiten des aufgeklärten Zeitalters unterbreitet hat – und es war für alle eine Sensation: *Empört euch!*, hieß sein Pamphlet, das gerne als Katechismus der Wutbürger bezeichnet, damit aber gründlich missverstanden wird. Denn Hessel sagt nicht, dass man sich der Zukunft und ihren Herausforderungen verschließen soll, dass man den Kleinmut des Hier und Jetzt pflegen soll, die wütend-ängstliche Besitzstandswahrung der Gartenzaun-Spießer. Hessels Empörung richtet sich gegen unsere Unachtsamkeit im Umgang mit den Errungenschaften der Aufklärung. Schaut hin, wenn euch andere das Heft des Handelns aus der Hand nehmen, wenn Finanzpolitik nur noch Finanzgebaren ist und nicht mehr dem Wohlergehen eines Volkes dient. Und wenn Regierende Geschäfte auf dem Rücken ihres eigenen Volkes machen, dann soll der aufgeklärte Bürger sagen: So nicht. Wut und Empörung sind das Gegengift für die Lethargie und die Resignation. Was sie nicht sein dürfen: Freibriefe zur Durchsetzung zukunftsfeindlicher Affekte. Es geht um Ideen, nicht um die Idiosynkrasien selbstgefälliger Bürger. Um den Mut zur Selbstverantwortung, nicht um den Kleinmut.

Der Kleinmut und die mit ihm einhergehende Furcht vor der Zukunft sind Größen, die sich inzwischen wie Mehltau auf viele Teile der Gesellschaft gelegt haben. Wir möchten offenbar nicht nur, dass die Gegenwart so bleibt, wie sie ist und wie wir sie gewohnt sind, sondern auch, dass die Zukunft gemütlich und überschaubar bleibt. Und wenn sich irgendwelche Tüftler und Planer daranmachen, Projekte für übermorgen zu entwickeln, stecken wir uns Buttons an die Funktionskleidung und zeigen denen, wer das Volk ist. Wir wollen keine Ideen für morgen, die wir heute noch nicht begreifen. Wir stellen eigene Zukunftsberechnungen an, die selbstverständlich denen der Politiker und Experten entgegenstehen. Wir gehen auf die Straße und rufen den Politikern zu, dass sie nicht über unsere Köpfe hinweg entscheiden dürfen. Auch wenn die Entscheidungen in den von uns legitimierten politischen Gremien diskutiert und getroffen worden sind. Und wir suchen uns Symbole, die unsere Entschiedenheit, so zu bleiben, wie wir sind, repräsentieren. In Stuttgart, der Hauptstadt der Bewegung aller Zukunftsmüden, ist es ein alter, ziemlich hässlicher Kopfbahnhof. Ein Sturkopfbahnhof, könnte man sarkastisch wortkaspern. Kein Mensch weiß, was die Zukunft bringt, welche Bedürfnisse in ihr geweckt werden und befriedigt werden müssen. Wir kennen alle nicht die Anforderungen, die in 20, 30 Jahren an unsere Zivilisation gestellt werden, und diese Unsicherheit macht uns zukunftsmüde. Gegen die müd machende Unüberschaubarkeit setzen wir unsere gemütliche, greifbare Jetzt-Welt, wir verfluchen das Globale, bauen auf das Regionale und verteidigen die Umgebung, die sich am bequemsten mit unseren Gewohnheiten verträgt.

Natürlich kostet es Anstrengung, einen Bauzaun mit Plakaten und Protestzetteln zu drapieren, sicherlich ist es mühselig, sich möglichst originelle Parolen auszudenken, mit denen die durchweg korrupte und verlogene Staatsmacht an den Pranger gestellt werden kann. Und zweifelsohne gehört Überwindungskraft dazu, sich an alte, dicke Bäume im Schlosspark zu ketten, besonders, wenn man das Rentenalter erreicht hat und vormals den Demonstranten von Mutlangen und Brokdorf aufgrund seiner konservativen Haltung eher skeptisch gegenübergestanden hatte. Aber lieber jetzt ein bisschen Aufwand betreiben, mit dem man den Spuk technischer Utopien per Vuvuzela wegbläst, als sich den anstrengenden Herausforderungen der Zukunft mit Vernunft zu stellen. My home is my Kopfbahnhof. Natürlich beruhen die Schulterschlüsse der wütenden Bürger von Stuttgart auch auf der großen Sehnsucht nach sozialer Erfahrung. Wer sich mit anderen zusammenschließt, um ein gemeinsames Ziel zu verfolgen, tritt aus der Isolation der eigenen Traurigkeit aus und kann in einer Gemeinschaft der Stärke aufgehen. Der Protest ist ja ein bewusster Ausstieg aus der Konformität und der bislang fraglos hingenommenen Regularität der Gesellschaft. Die Kühnheit, als Endsiebzigerin mit einer Trillerpfeife auf dem Balkon zu stehen und zu einer bestimmten Uhrzeit mit anderen zusammen den Verantwortlichen den Marsch zu blasen, ist ein Gefühl, auf das man nicht gerne verzichtet und das vermutlich aufregender ist als ein Bridgeabend in der Seniorenwohnanlage. Und trotzdem möchte man den schwäbischen Revolutionären die Trillerpfeifen aus den Mündern reißen und ihnen raten, sich klarzumachen, wer sie sind und wer die anderen sind. Besitzstandwahrer hier und Zukunftshasardeure da.

Es ist inzwischen unmöglich geworden, in der Welt von heute nicht auch schon die Welt von morgen zu sehen. Anders als andere Generationen vor uns haben wir in den letzten Jahrzehnten die Erfahrung des schnellen und dabei unmerklichen Wandels gemacht. Es gibt nach der digitalen Revolution eigentlich kein Szenario, das nicht denkbar wäre. Und es dürfte sich schwerlich eine Welt in Bernstein gießen lassen, in welcher sich Menschen an das Gewohnte schmiegen wie die Katze an den warmen Kohleofen. Aber wir wollen das Gewohnte erhalten, und am liebsten hätten wir die Segnungen von gestern auch noch zurück. Es steckt ein seltsam müder Zorn in diesem Festhalten am Bewährten. Ein Zorn, der uns samstags die Manufactum-Läden der Städte stürmen lässt, wo wir uns Seifen aus den 20er-Jahren kaufen und das Après-rasage der Großväter auf die Wangen klatschen, um das Aroma der Beständigkeit um uns zu haben. Damals waren die Leute nämlich noch nicht ausgebrannt. Damals waren sie nicht den Zurüstungen für die Zukunft ausgeliefert, jedenfalls stellen wir uns das so vor. Zu Hilfe kommt uns bei dieser Vorstellung, dass unsere Gegenwart ja tatsächlich wenig verlässliche Angebote bereithält. Der Kapitalismus, den wir als kluge Zeitgenossen zwar selten champagnertrunken gefeiert, aber als höchstens halb-ideologische Lebensqualitätssicherung geschätzt haben, hat sich in Teilen disqualifiziert. Er hat zur Hyperoptimierung seiner Protagonisten geführt; er lenkte arme Leute aufs Glatteis, indem er ihnen suggerierte, auch sie könnten an seinen unerschöpflichen Möglichkeiten teilhaben. Und er schuf Fiktionen, die kaum eine Ideologie derart subtil hinbekommen hat. Viele von uns hat er derart kirre gemacht, dass sie sich eigenmächtig an die Börsen geheftet haben, Spekulanten geworden sind, Besitzer von Eigenheimen und Chamäleons des gesellschaftlichen Wandels. Ganze Länder sind durch den kernigen Finanzkapitalismus der Nullerjahre zu Füllhorn-Nationen aufgestiegen. Irland mauserte sich vom Guinness- und Schafe-Idyll zum Tigerstaat, der zwar weiterhin kaum mehr als Guinness und Schafe im Angebot hatte, dafür aber mit einem niedrigen Steuersatz und einem gesetzlichen Mindestlohn für schöne Versprechen bereitstand: Jeder konnte sich sein Eigenheim ersparen, mit Geld, das eigentlich nicht zur Verfügung stand. Heute ist das Land eines der ausgebranntesten Europas und kämpft in der Rangliste der Staaten-Burnouts vorne mit. Auch wenn das Land durch seine Rückkehr auf den Kapitalmarkt zumindest leisen Anlass zur Hoffnung gibt.

Der Kapitalismus hat sich als ähnlicher Gleichmacher verkauft wie sein Gegenpart, der Sozialismus. Beide sind am Ende untergegangen, der Sozialismus ist explodiert, der Kapitalismus implodiert. Er ist nicht in tausend Stücke zersprungen, sondern steht als angekokelter Nosferatu klagend und nach frischem Blut lechzend vor uns. Statt Mitleid mit ihm zu haben, schauen wir jetzt wieder auf die längst tot geglaubten Angebote der Vergangenheit zurück. Warum soll der Marxismus nicht eine Alternative sein? Auf unsere spätmodernen Bedürfnisse zugeschnitten, könnte man ihn sich zum bequemen Gewand umnähen lassen. Er fordert Regulierung, will die Maßlosigkeit dämmen und die Produktionsverhältnisse gerechter machen. Und dem Lebensgenuss war Karl Marx auch nicht abgeneigt, wie wir wissen. Wenn nun schon konservative Denker wie Frank Schirrmacher konzedieren, dass die Linke mit ihren Unkenrufen auf der richtigen Seite war und ist, erscheint der Marxismus als Manufactum-Denkmodell durchaus attraktiv. Die alten Ideologien, mögen sie in ihrer politischen Anwendung auch noch so enttäuschend gewesen sein, waren immerhin Sinnquellen erster Güte. Sie sollten den Menschen derart rüsten, dass er im Leben und in der Arbeit sein Glück finden kann. Und dieses Glück ging in der Gesamtheit der Lebensleistungen auf, und nicht nachdem man irgendeinen Geschäftsabschluss getätigt hatte oder jemanden mit großem Geschick aus dem Rennen bugsiert hatte. »Leistungen«, schreibt Terry Eagleton, »bekommen ihren Sinn erst im Rahmen eines ganzen Lebens und nicht (in der Bergsteiger-Ideologie des Lebens) als isolierte Gipfel des Erfolgs.« Aber wie es aussieht, kriegen wir das Leben als Gesamtkonzept erst dann wieder in unsere Hirne, wenn wir in der Burnout-Klinik sitzen und Supervision machen.

DAS BURNOUT DER POLITIK

Aber machen wir doch zum Spaß mal zwischendurch eine Supervision für unsere Gesellschaft: Wie es aussieht, sind wir Deutschen seit ein paar Jahren der Dinge so müde geworden, dass sich unsere Erschöpfung sogar in der Reproduktionsstatistik niederschlägt. Im Jahr 2010 kamen auf 1000 Einwohner 8,3 Niederkünfte, das ist so wenig, dass wir damit das geburtenschwächste Land in Europa sind. Wir haben auf nichts mehr Lust, wir haben nicht einmal mehr Lust, uns zu vermehren. Warum dem so ist, darüber rätseln Soziologen, Psychologen und Politiker bereits eine gute Weile herum. Und es ist ja keineswegs so, dass es keine Antworten auf die Frage nach der Vermehrungsunlust gäbe. Die eine lautet: schlechte Rahmenbedingungen für Mütter, das heißt kaum Kindertagesstätten respektive unzumutbare Wartezeiten auf einen Platz für das Kind. Daraus resultieren die Scherereien, welche Frauen grundsätzlich haben, wenn sie sich wieder in ihren Beruf eingliedern wollen, hierarchische Rückstufung, gekappte Karrieren, all dies macht natürlich wenig Freude, Kinder auf die Welt zu bringen. Die Sinnressource Familie ist erschöpft.

Flankiert wird all dies durch eine Politik, die auch zu müde ist, sich mit den Bedürfnissen junger Familien auseinanderzusetzen. Eine Politik, die sich als Türwächter der tradierten Sitten versteht, also die Frau eher in den Mittelpunkt des häuslichen Wirkens gesetzt wissen will. Aber vielleicht ist das nur der eine, messbare Grund des ganzen Elends. Womöglich liegt der wahre Grund ja in unserer großen Zukunftsmüdigkeit. Schließlich hatten wir in den vergangenen zwei Jahrzehnten so viel Zukunft wie kaum eine Generation vor uns. Politische und technische Utopien sind Realität geworden, alte Systeme sind untergegangen und die neuen Systeme füllen uns dermaßen aus, dass wir mittlerweile selber alles als System sehen. Jede Krise in der Welt wird innerhalb kürzester Zeit zur systemischen Krise. Wir besichtigen Phänomene des Scheiterns in der Welt und schließen daraus, dass die ganze Welt Gefahr läuft, demnächst zu kollabieren. Wir sehen das verschämt versteckte Schulterzucken der Politik. Wir sehen die mit Aktionismus eher ungeschickt kaschierte Hilflosigkeit von Politikern angesichts der europaweiten Finanzkrise. Wir sehen, dass die Staatsmacht ihre Instrumente an die Börse und die Banken abgibt. In Italien werden Regierungsämter nicht mehr durch Wahlen besetzt, sondern durch den Kapitalmarkt, um das große wirtschaftliche Desaster wenn schon nicht abzuwenden, so doch unter die Fuchtel eines kühl denkenden Fiskalstrategen zu stellen.

Manche von uns sehen darin den Anfang vom Ende der Demokratie, Menschen, auf deren Bildung man mehr Wert gelegt hat, bezeichnen unseren gesellschaftspolitischen Erschöpfungszustand als postdemokratisch. Mit derlei feuilletonistischen Begriffsraffungen kann man sich eigentlich ganz wunderbar in den sanft nachfedernden Lesesessel werfen und seelenruhig zusehen, wie die Dinge den Bach runtergehen, man hat ja schon das passende Wort dafür. Alles ist post, alles, was wir jetzt machen, findet im Anschluss an die großen Sinnstiftungen statt. Im Grunde genommen lassen wir unsere Beine nach dem gewaltigen Marathonlauf des Lebens und der Arbeit nur noch ein bisschen auspendeln, bevor wir uns erschöpft in den Sand fallen lassen.

Der Philosoph Peter Sloterdijk hat in seiner Fernsehsendung kürzlich das schöne nautische Bild gemalt, auf dem die Politiker wie Touristen vor den Armaturen des Steuermanns stehen, ohne zu wissen, wie man mit ihnen verfährt, und sagen: »Oh wie interessant.« Die Frage ist nun: Muss uns die Ratlosigkeit der Politik zutiefst erschüttern oder ist sie, im Gegenteil, dazu angetan, unsere Stimmung zu heben? Schließlich ist es doch so: Wenn man weiß, dass jene, die man für die Problemlösung berufen glaubt, auch nicht weiterwissen, muss man sich selbst in seiner Hilflosigkeit nicht ganz so hilflos vorkommen. Die weltweite Schuldenkrise und die daraus resultierenden politischen Umwälzungen erweckten den Eindruck eines globalen Burnout-Syndroms, sagte der Präsident des Weltwirtschaftsforums WEF, Klaus Schwab, kürzlich bei einem Treffen der Ökonomen in Davos. Das Elend an dieser Diagnose ist nur, dass sich die Welt nicht in eine Klinik am Chiemsee begeben kann. Aber ihre Gestalter und – in Teilen – Lenker wären gar nicht schlecht beraten, wenn sie sich gelegentlich eingestünden, dass sie mit den Mitteln der Politik nicht gegen den Verfall staatlicher und sozialer Ordnungen angehen können. Einfacher gesagt: dass sie angesichts der dramatischen Entwicklungen auf den freien Märkten selbst nicht mehr wissen, wo sie zuerst hinfassen müssen. Wir haben mit den Mitteln der medialen Dauerverfügbarkeit und der wirtschaftlichen Globalisierung die Welt einerseits transparent gemacht, andererseits können wir sie kaum noch überblicken. Welche Ströme fließen von wo wohin? Wer verfügt noch über Kompetenzen in bestimmten Wissensfeldern, die sich längst mit anderen Wissensfeldern vermischt haben? Anders gefragt: Wer überblickt überhaupt noch die aus tausend Miniscreens zusammengesetzte Wirklichkeit und wem trauen wir überhaupt noch zu, Kräfte zu entwickeln, um uns aus unserer Kraftlosigkeit zu retten?

Die große Erschöpfung, die Müdigkeit und die Bereitschaft, all dies einzugestehen, ist zwar noch nicht im Wirkungsfeld der Politik angekommen. Aber sie wird doch inzwischen von dem einen oder anderen Politiker erkannt und auf verschiedene Weise instrumentalisiert. Reportagen und Interviews über die Schattenseiten der politischen Macht, die Grabenkämpfe und Intrigen von Parteigenossen erfreuen sich großen Interesses beim Publikum. Sie zeigen den Machtmenschen von seiner verletzlichen Seite, und die ist ja wieder ziemlich populär geworden. Zeigt uns eure Wunden, das ist unser neutestamentarischer Zuruf an alle Macher und Entscheidungsträger. Erzählt uns, wie ihr gelitten habt, als ihr auf dem Bundesparteitag von einem besseren Redner um den Posten gelabert worden seid. Erklärt noch mal mit belegter Stimme, wie es sich zugetragen hat, als der Parteivorsitzende von seinen Stellvertretern durch einen anderen ersetzt wurde und der Parteivorsitzende von dieser Kabale am Abend aus dem Fernsehen erfahren musste. Ja, das war sehr bitter, eine Lektion, ich war am Rand des Abgrunds, es geht an die Substanz und so weiter.

Das Burnout und seine subtilen Geschwister die Verletztheit und die Kränkung, sind inzwischen zu einem Instrument politischer Sympathiegewinnung geworden. Wie groß war das Verständnis in der Bevölkerung, als der brandenburgische Ministerpräsident Matthias Platzeck im April 2006 sein Amt als Vorsitzender der Sozialdemokratischen Partei Deutschlands zur Verfügung stellte, weil er den Anforderungen nicht mehr gewachsen war? Endlich hatte ein Politiker Schwäche gezeigt, endlich hat ein Amtsträger resigniert, weil er auch nur ein Mensch ist. Seit dem Rücktritt Platzecks, möglicherweise bereits seit dem dramatischen Ende des FDP-Politikers Jürgen Möllemann, ist die Verwundbarkeit von Politikern ein großes Thema. Und sie interessiert uns umso mehr, je härter der Bursche ist, den es erwischt hat. Immer mehr Politiker gestehen in intimen Gesprächen, dass sie ganz oft ganz kurz davor waren, die Brocken hinzuschmeißen und dem quälenden, verletzenden Betrieb einen ausgestreckten Mittelfinger zu zeigen. Aber schließlich wog das Gefühl der Verantwortung für das Gemeinwesen doch stärker und der Politiker blieb im Amt, wenn auch mit einem Kranz von Wunden um die geschundene Seele.

In früheren Jahren musste der Spitzenpolitiker hart und unerschütterbar sein. Der Eindruck der Ausgebranntheit durfte erst gar nicht entstehen und die Putzerfische der Staatslenker taten alles dafür. Das berühmteste Beispiel für ein vertuschtes Burnout ist der frühere Bundeskanzler Willy Brandt, der in der Mitte seiner Amtszeit einfach im Bett liegen geblieben ist und Rotwein getrunken hat. Sein Parteigenosse Horst Ehmke zitiert sich heute gerne mit einem Satz, den er Brandt angeblich zugerufen hat, als der von allen Ermunterungen ungerührt blieb: »Willy, aufstehen, wir müssen regieren!«

DAS BURNOUT
DER DEBATTENKULTUR

Während der letzten Amtsmonate des glücklosen Bundespräsidenten Christian Wulff – diese waren bekanntlich von der Diskussion um von Freunden bezahlte Urlaube, unbotmäßige Vorteilsnahmen und Nepotismus bestimmt – konnten kühle Zeitgenossen Folgendes beobachten: Während die Empörung über das ungeschickte Gebaren des Amtsinhabers in den Medien heftig und unversöhnlich war, hatte man in der Bevölkerung wenig Interesse an den Scherereien, die Wulff sich und der Republik bereitet hatte. Eine Mischung aus Indifferenz und Mitleid war festzustellen, und man konnte wohl behaupten, dass die Deutschen es selbst schon müde waren, sich über die Hybris ihres höchsten Repräsentanten zu echauffieren, der sich alles krallte, was ihm vor die Hände gehalten wurde, ohne zu überdenken, ob eine solche Nonchalance angesichts wegbrechenden Wohlstands in diesem Land gehörig war.

Journalisten mussten nun ran und das große Empörungsrad drehen, damit sich aus der Fehlleistung das notwendige Maß an Erregung destillieren lässt. Am Ende trat Christian

Wulff zurück und die Resonanz war, nun ja, so lala. Es war eben einer gescheitert, so wie Tausende im Leben scheitern, wir erachten den Niedergang inzwischen für selbstverständlicher als den beruflichen Erfolg, von daher war der Herr Wulff aus Großburgwedel eben doch einer von uns. Es hätte aus dieser Affäre eine grundsätzliche Debatte, Gebildete sagen: ein Diskurs erwachsen können. Aber es wurden nur Diskussionen angerissen, es gab gewissermaßen eine paar Debatten-Torsi: Soll man das Amt abschaffen, soll man ein wachsames Auge auf die Privilegien der politischen Klassen werfen, zu der ja auch die Journalisten zählen, denen auch öfter mal Privilegien angeboten werden, sprich Reisen und Aufenthalte bezahlt werden. Aber zu all dem kam es nicht, die Angelegenheit wurde eine Sache der Staatsanwälte. Bei der Verabschiedung des Präsidenten erlebte man noch einmal ein groteskes Zerrbild des Wulff'schen Anspruchsdenkens: Er wünschte sich vier Lieder statt zwei vom Musikcorps der Bundeswehr, wütende Berliner entboten dem musikalischen Ereignis lärmende Widerklänge aus den Vuvuzelas, danach war das Ganze vergessen. Das Bild vom Vuvuzela blasenden Empörten passt ganz gut, wenn es gilt, die Art zu beschreiben, wie wir in Deutschland versuchen, Debatten zu führen und diese nach nur wenigen Tagen verglühen lassen, ohne einen Mehrwert davon zu erhalten. Kaum war die Wulff-Affäre beendet, begann die Gauck-Affäre. Hier speiste sich der Skandalwert nicht aus der materialistischen Gier des designierten Bundespräsidenten, sondern aus dessen Anspruch auf eine eigene, unter Umständen mit dem Common Sense nicht deckungsgleiche Meinung. Gauck hatte sich kritisch zu den Aktivisten der kapitalismuskritischen Bewegung Occupy Wall Street geäußert. Und er hatte Verständnis gezeigt für einige

Argumente des umstrittenen Integrationskritikers Thilo Sarrazin. Schon diese beiden Tatbestände reichten Teilen der deutschen Presse aus, um eine umfassende Gesinnungs-TÜV-Prüfung an Gauck vorzunehmen. Ist der Mann geeignet, das höchste Amt im Staat zu führen? Bewegt er sich im gewohnten politisch korrekten Diskursrahmen? Oder ist er nicht im Gegenteil bereits verbrannt, ehe wir ihm die Fackel in die Hand gegeben haben? Auch diese Debatte, kurz und heftig, ging rasch zu Ende, bald darauf entbrannte eine weitere. Sie betraf diesmal keinen Politiker, sondern einen Schriftsteller, nämlich Günter Grass. Dieser hatte in der *Süddeutschen Zeitung* ein Gedicht veröffentlicht, in welchem er Israel beschuldigt, den Weltfrieden dergestalt zu gefährden, dass es drohe, sich mit einem atomaren Erstschlag von seinem Erzfeind Iran zu befreien. Grass schrieb in dem Gedicht, er habe es mit letzter Tinte geschrieben, es sei also gewissermaßen noch einmal die letzte Zünde eines nahezu Ausgebrannten. Wie gehabt, platzten am Tag darauf sämtliche Hutschnuren sämtlicher Empörungssachverständiger, Antisemitismus war der Hauptvorwurf, er wurde durch alle Fleischwölfe der Medienverwertung gedreht und am Ende war die letzte Meldung, dass Günter Grass für ein paar Tage ins St. Georg Krankenhaus in Hamburg ging, weil er eine seit Langem geplante Herzuntersuchung machen ließ.

Was alle drei Diskussionen – wenn man die länger zurückliegende Sarrazindebatte dazunimmt, sind es vier – gemeinsam haben, ist das Missverhältnis zwischen dem Lärm, den sie machen, und dem Mehrwert, den sie streuen. Keine dieser hysterischen Debatten bringt eine Bereicherung unseres gesellschaftlichen Bewusstseins. Es geht auch nicht mehr um die Qualität von Argumenten, nicht mehr um Rede und Widerrede. In keiner dieser Skandale wurden wirklich Standpunkte ausgetauscht. Es ging vielmehr um die Lautstärke einzelner Äußerungen, um die Grellheit von Anwürfen – je aggressiver, umso rechthaberischer kamen sie herüber. Alles rauscht an uns vorbei oder bestenfalls durch uns hindurch, ohne dass wir die Chance haben, uns irgendeine Haltung dazu zu erarbeiten. Empörung und moralische Skandalisierung stehen uns regelmäßig zur Verfügung, und wir sind es mittlerweile müde, uns darauf einzulassen, weil uns die aufrauschenden Debatten vorkommen wie der Halley'sche Komet: Kaum sind sie da, verglühen sie wieder, und wir sind nicht klüger geworden durch sie.

Aber wir erkennen in ihnen, dass unsere politischen und intellektuellen Eliten in einer Weise ausgebrannt sind, dass sie uns, wenn nicht erbärmlich, so doch jedenfalls sonderbar vorkommen. Die Männer und Frauen, denen wir bis vor Kurzem noch die geistige Repräsentanz unseres Landes, zumindest aber unserer Kultur, anvertraut haben, erweisen sich nun als Wiedergänger einer alten Diskurswelt, die uns nichts mehr sagt. Im Gegenzug erleben wir in den Staaten, welche die Freiheit des Wortes und der Tat bis vor Kurzem nicht kannten, eine große Wiederauflage des Begriffs von Freiheit, und wir sind erstaunt darüber. Ach, unser Grass: Wie hat er uns doch befeuert in den 70er-, 80er-Jahren und später auch noch. Er hat uns das Korrektiv zur herrschenden und gestaltenden Politik geboten, er hat uns vor der Wiedervereinigung gewarnt und wir waren nicht ohne Sympathie für den knorrigen, zweifellos in der Eitelkeit beheimateten Literaten und als er 1999 den Nobelpreis erhielt, fühlten wir uns auch in dem Glauben bestätigt, dass unsere Demokratie so viel wert ist wie ihre permanenten Überwacher und Kritiker. Aber dann geriet uns dieser Grass zusehends zu einer Art literarischem Sozialfall. Seine Bücher waren nicht mehr so gut, sie drehten sich um die alten Evidenzen und Steckenpferde ihres Autors, und als er dem gelangweilten Publikum seine SS-Mitgliedschaft offenbarte, sahen sich ein paar Interessierte noch einmal prüfend in seiner Novelle Im *Krebsgang* um und mochten kopfschüttelnd konstatieren, dass da einer mahnte und zeigefingerte, der doch selber … aber lassen wir das jetzt.

Ach, unsere Alice Schwarzer, was hat sie uns in den vergangenen Jahrzehnten provoziert und mit ihrer Erbarmungslosigkeit zumindest beeindruckt. Aber wenn wir Frau Schwarzer heute zuhören, ist es oft so, als würde uns die Uroma erklären, was ein Zungenkuss ist. Es ist der Rauch vergangener Kämpfe, der diese Leute umweht, wir sehen sie in den Talkshows sitzen wie Fossile einer untergegangenen Diskurswelt, die besonders alt und gestrig wirken, wenn sie noch einmal mit den Hufen scharren und zum Kampf übergehen, jedenfalls zu dem, was sie für Kampf halten. Als Alice Schwarzer ihren tantenhaften Mahnbrief an die Sex-Autorin Charlotte Roche schrieb, ahnten wir, dass sich selbst auf dem Feld des Feminismus nicht mehr generationenübergreifend operieren ließ. Charlotte Roche mache sich von ihrem Mann abhängig, schrieb die Schwarzer, das Buch sei der Spiegel eines verspießerten Lebens. Dabei ist es in Wahrheit der Spiegel eines Lebens, das auf die alten Muster des Frau-Mann-Kampfgetöses nicht mehr viel gibt. Das überhaupt auf ideologische Grabenkämpfe keine Lust mehr hat.

Ach, unser Günter Wallfraff, den wir vor 30 Jahren bewundernd in die Abgründe unserer Arbeitswelt begleiteten, der uns zeigte, wo gelogen wird und wo Menschen gefoltert werden und gedemütigt. Das zeigt er auch heute noch am

Beispiel von Bäckereibetrieben oder Aldi. Im Fernsehen sagt er, dass er solche Geschäfte meide und lieber im Bioladen einkaufe. Das möchten viele, die bei Aldi einkaufen müssen, auch können. Aber es geht nicht – aus rein finanziellen Gründen.

Wir haben keine Vorbilder mehr, die uns mehr über unser Leben erzählen können, als wir wissen. Und womöglich brauchen wir auch keine Vorbilder mehr, weil wir uns nicht mehr an den Erfolgreichen orientieren möchten. Uns stehen die Opfer näher, weil wir alle fürchten, bald zu ihnen zu gehören. Wir verehren die Menschen, die Tag und Nacht erreichbar sind und die am Ende doch nur der Therapeut in der Burnout-Klinik erreichen kann.

Unsere Sorge ist nicht, ob bei Aldi die Kassiererinnen gemobbt werden, unsere Sorge ist nicht, ob Frauen von Männern abhängig sind und ob es zynisch ist, Israel eine Kriegsabsicht zu unterstellen.

Unsere Sorge, unsere Angst, die wir in den täglichen Nachrichten widergespiegelt sehen, ist die Deklassierung. Und dagegen kämpfen wir, bis wir ausgebrannt sind.

AUSGEBRANNTE LANDSCHAFTEN

Das Zeitalter des Burnouts kennt nicht nur Fallgeschichten von Managern, Unternehmensberatern, Sportlern, Künstlern, Studenten und Politikern. Wir können inzwischen sogar Reisen in Landschaften unternehmen, welche die Resignation und die Erschöpfung unserer Leistungsträger widerspiegeln. Eines der jüngsten Beispiele in Deutschland ist das Ruhrgebiet, von dem bereits kurz die Rede war, als es um den Vergleich der Arbeit damals und heute ging. Bereist man dieser Tage diese von Tüchtigkeit und Härte geprägte Gegend, wird man allerorten auf Symptome der Resignation stoßen, von denen manche sogar am Erscheinungsbild der Kommunen abzulesen sind. In einigen Städten des Ruhrgebiets sind während des kalten Winters die Straßen aufgeplatzt. Die Verwaltungen verfügen nicht über das Geld, die Schäden zu reparieren, und somit sehen große Teile dieser einmal so starken Region aus wie die Landschaften in Ostdeutschland zu der Zeit, als sie noch keine blühenden Landschaften waren. In den Schwimmbädern wird die Heizung abgestellt, weil die Kommunen sich die Kosten nicht mehr leisten können. Innerhalb weniger Jahre entrückte die Region der wirtschaftlichen Prosperität, große Industrien gingen zugrunde, der Einzelhandel, der an diesen Industrien hing, verschwand aus den Innenstädten und die Menschen sanken mehr und mehr in eine stille Resignation, wie man sie aus dieser Gegend bis dahin nicht kannte. Dass einem Land die Kraft abhandenkommt, hatte man bislang nur aus Ländern Lateinamerikas gekannt, in denen die Menschen zuerst aufständisch und dann lethargisch wurden. Neuerdings schaut man mit halbem Interesse nach Griechenland, wo die Menschen kaum noch wissen, wem sie ihre Wut entgegenschleudern sollen – den Deutschen, den Europäern oder den eigenen Politikern, die machtlos vor dem Staatsbankrott stehen und die Verwahrlosung Athens und seiner Menschen nicht aufhalten können.

Im Ruhrgebiet regt sich seltsamerweise kein Protest gegen die Verwahrlosung der Städte und die Orientierungslosigkeit der Landesregierung. Man muss nur einmal das Treiben im satten Stuttgart mit dem Stillstand im Ruhrgebiet vergleichen. Im Süden sind sie saturiert und wollen, dass alles so bleibt, wie es ist. Im Ruhrgebiet ergeben sie sich ihrem Schicksal, so als sei es eine logische Folge der Weltgeschichte, dass ein Land, das einmal an der Spitze der produzierenden Regionen stand, nun gewissermaßen kaltgestellt ist.

Ein bisschen sieht es so aus, als habe der deutsche Osten dem tiefen Westen die ausgebrannte Fackel überreicht. Wir erinnern uns: Anfang der 90er-Jahre fuhren wir als interessierte Westdeutsche in die ehemalige DDR, um zu sehen, wie die Menschen dort gelebt haben. Die Straßen waren dergestalt, dass man nach der Reise ein neues Auto benötigte, und man wünschte den deutschen Nachbarn damals nichts dringlicher, als dass sie ihr Land renovierten. Der Deutsche Osten war nach 40 Jahren SED-Diktatur ausgebrannt und sollte nun wieder angefeuert werden. Aber das misslang – die Menschen waren ihrer Heimat müde, sie zogen in den Westen, die Straßen wurden besser, aber es fuhren kaum Autos auf ihnen.

Heute ist der Westen der neue Osten, sagt man so flott; manche nennen die Bürger des Ruhrgebiets auch »unsere Griechen« und damit ist nicht eine liebevolle Umarmung der Gastarbeiter gemeint, sondern das Synonym für den Abstieg mittelständischer Menschen in das Prekariat. Es ist eine Art soziales Burnout, den diese Region ergriffen hat, flankiert von den Erschütterungen im Kulturbetrieb, welche die klammen Kassen der Städte und Gemeinden auslösen. Als es vor zwei Jahren so weit kam, dass das Ruhrgebiet zum Weltkulturerbe ernannt wurde, gingen die Kommunen daran, alles zu fördern, was irgendwie nach Kultur aussah, um dem längst ausgebrannten Standort Ruhrpott wieder ein bisschen Zunder zu geben. Jeder, der ein kleines Atelier besaß, fand sich plötzlich subventioniert, in den alten Zechen wurden Lichtinstallationen angebracht und das ganze Revier geriet zu einem Event-Schauplatz. Gebracht hat es den Leuten eigentlich eher wenig. Familien, deren Ernährer arbeitslos geworden war, konnten sich die teuren Veranstaltungen eh nicht leisten, und letzten Endes hat die künstliche Förderung lediglich den Blick auf die leeren Kassen geschärft, die im Normalfall kein Geld für kulturelle Institutionen und Ideen bereithielten. Das Kulturhauptstadt-Jahr verführte die Organisationen dazu, Strohfeuer zu legen und damit Versprechungen zu geben, die sie nicht einlösen konnten. Theater, Kunst, Literatur – all diese wunderbaren Instrumente zur Sinngebung, zum Trost und zur Hoffnung unterliegen dem Spargebot, und es konnte nicht lange dauern, bis in diesem Land auch die Diskussion darüber, ob die institutionelle Kulturförderung kurz vor dem Burnout steht, ein Forum findet. Dies geschah vor einem halben Jahr in Gestalt der Streitschrift einiger Soziologen und Kulturmanager: *Der Kulturinfarkt*. Die Autoren forderten eine generelle Revision der Kulturpolitik dergestalt, dass sie die Subvention von Theatern und Opern überdenken solle, schließlich finde in den Häusern selten Innovatives statt und die Nachfrage werde kaum gedeckt. Über diese Thesen ist viel diskutiert worden. Letzten Endes sind der Furor des Buches und der Furor um dieses Buch Symptome einer Gefühlsmischung aus Überdruss und Wut: Irgendwas in unserer Gesellschaft macht uns krank und nervös, und dieses Gefühl lässt sich nur lösen, indem man möglichst viel über Bord wirft. Sinn und Verstand beurlauben wir, wenn es darum geht, unser Unbehagen wegzuradieren.

Krisenzeiten bieten Krämerseelen vorzügliche Gelegenheiten, alles zur Disposition zu stellen, was sie bei ihrem Hausmeistergang durch die Republik so sehen an Abfall und Überflüssigem. Natürlich kann man auch mit der alten Spießerseligkeit, dass Kunst überall immer derselbe Scheiß sei, Auflage machen und ein gewisses Maß an Popularität ist diesen kleinkarierten Gedanken auch sicher. Aber dass man gerade in einer Zeit, die so wenig Angenehmes bereithält, zu den großen Errungenschaften des Abendlandes zurückkehrt, dass man ins Theater geht, in die Oper, das Konzert – um so zu denken, müsste man in der Lage sein, kulturhistorische Zusammenhänge herzustellen, aber das wäre wieder ein Markt, der weniger Leser an sich binden würde.

Wenn Dürftigkeit und Mangel Einzug halten, formieren sich diejenigen zu neuer Stärke, die diesen Mangel vergrößern wollen, statt ihn zu beheben. Gerade im Ruhrgebiet, der Burnout-Area unserer Republik, war das Bedürfnis, die Härten des Lebens mit Kunst zu verfeinern, besonders groß. Dass in einer Arbeiterstadt wie Bochum nach dem Krieg eine Shakespeare-Gesellschaft gegründet wurde, kann nur derjenige seltsam finden, der glaubt, dass Arbeiter sich nur wohlfühlen, wenn sie Staub und Dreck um sich haben und abends eine Flasche Bier öffnen können. Kunst sei für Menschen mit Bildung da, glauben diejenigen, die sich für gebildet halten.

Es gibt in unserem Land einen unangenehmen Hang, Menschen die freie Wahl abzunehmen. Wer bestimmt denn, ob Kultur im Überfluss da ist oder nur gerade in dem Maße, wie sie gebraucht wird? Der Gedanke ist schon sonderbar, dass es Menschen gibt, die gewissermaßen als Krisenbeauftragte durchs Land stromern und in vorauseilendem Gehorsam alles auflisten, was man noch wegrationalisieren könnte. Dieser Hang, selbst im Mangel noch Wege zu suchen, wie man den Mangel vergrößern kann – ist das deutsch oder nur dumm? Wenn etwas wegbricht, dann reißen wir noch daran, dass es schneller umfällt.

DIE WEGSCHIEBER

Hier zwischen Essen und Castrop-Rauxel verzagt auf dem ehemaligen Zechengelände lungernd, erinnern wir uns noch einmal an das Basisrezept für das geläufige Burnout: arbeiten bis in die Freizeit hinein, und am Ende ausgebrannt zu sein und reif für die Therapie oder die große Entschlackung von Körper und Seele in der Bodenseeklinik. Was aber würdet ihr lieben Ausgebrannten sagen, wenn ihr überhaupt keine Arbeit mehr hättet? Wenn euch nicht jeden Morgen die 60 ungeöffneten E-Mails anstarrten, nicht jeden Mittag der Filofax um die Ohren flöge, nicht jeden Abend der Chef anriefe um noch mal zu sagen, dass die Verhandlungen am nächsten Tag heavy sein werden, dass man aber am Ende des Tages ganz klar wieder beieinander sein wird?

Die Antwort liegt in unserer schönen Welt der Diagnostiker und Therapeuten auf der Hand: Dann hat uns der miese kleine Bruder des Burnout am Nacken gepackt, das Boreout, die Sinnkrise aufgrund von Langeweile, Unterbeschäftigung und mangelnder Liebe durch den Vorgesetzten. Die Erschöpfung kennt viele Väter, und dass mittlerweile auch das Nichtstun einer davon ist, kann nur denjenigen überraschen, der sich noch über die regelmäßige Neuerfindung von Krankheiten und seelischen Dilemmata wundert. Die Langeweile gehörte immer schon zu den eher freudlosen Empfindungen des zivilisierten Menschen, sie stellt sich bei Verwandtenbesuchen ein, in Gesprächen mit uninteressanten Menschen und gelegentlich auch bei Tätigkeiten, die einen nicht sonderlich interessieren. Sie hat uns gelegentlich angeödet, die Langeweile, das ja. Aber niemand wäre vor zehn Jahren auf die Idee gekommen anzunehmen, sie mache uns krank. Nur das therapeutische Zeitalter, in das wir unmerklich eingetreten sind, kann uns in den Stand setzen, aus fast jeder unkomfortablen Gefühlsregung eine gesundheitliche Katastrophe zu machen. Für die mediale Berichterstattung ist die Entdeckung des Boreout-Syndroms natürlich ein Fest, nicht zuletzt auch deshalb, weil hier wieder eine medizinische Sensation vorstellig wird, deren Sonderbarkeit das beste Argument für ihre Ernsthaftigkeit ist. Warum sollten in einer sich in groteske Leistungshöhen steigernden Arbeitswelt nicht auch seltsame Neurosen blühen? Boreout – der Zusammenbruch infolge unmenschlicher Langeweile? Ja, natürlich, das klingt absolut schlüssig. Zumal sich auch bei den Gelangweilten die inzwischen vertrauten bis lieb gewonnenen Symptome Schlaflosigkeit, Kopfschmerzen, Tinnitus und Laktoseunverträglichkeit einstellen.

Unser Verhältnis zu den Freuden und Leiden der Arbeit ist inzwischen dermaßen überkandidelt, dass wir irgendwann bestimmt für den Wunsch, gegen drei Uhr nachmittags einen Espresso zu trinken, einen pathologischen Begriff entdecken werden. Die Fähigkeit, uns selbst als unvollkommene, den Launen und Schwächen des Körpers, des Geistes und der Seele ausgelieferte Wesen zu begreifen, ist uns vollständig abhandengekommen. Mit der Langweile als alarmierendem Krankheitsbild ist unsere jüngste Therapiegeschichte möglicherweise an einer grotesken Zwischenetappe angelangt, zu Ende ist sie aber noch lange nicht. Unter Studenten, insbesondere denjenigen, die den in kürzester Zeit zu absolvierenden Bachelor-Studiengang gewählt haben, ist ein Leiden ausgebrochen, das man früher als notorische Faulheit kannte und deren Protagonisten man mit dem Attribut Bummelstudent liebevoll-spöttisch belegt hat. Die Vorbereitung auf ein Seminar oder eine Zwischenprüfung auf den nächsten, möglicherweise übernächsten Tag zu verschieben, galt als unzweckmäßige, aber irgendwie menschliche und dem Leichtsinn der Jugend geschuldete Untugend. Heute ist diese Verschiebetechnik eine Krankheit. Sie wurde zuverlässig mit einem entsprechenden medizinischen Etikett versehen und weist bereits Therapieangebote auf. Die Rede ist von der Prokrastination, der – natürlich, was sonst? – krankhaften Neigung, Dinge vor sich herzuschieben, anstatt sie umgehend zu erledigen. Besonders Studenten, die sich in geisteswissenschaftlichen Disziplinen bilden, klagen über entsprechende Symptome, nämlich Lust an der Ablenkung durchs Internet, YouTube und benachbarte Bars.

Ach, man möchte sie bei der Hand nehmen, die jungen Leute, und ihnen zurufen: Euer ganzes Leben wird ein Bachelor-Studiengang sein, er wird nur viel länger dauern. Ihr werdet immer wieder erstaunt feststellen, dass es Lockungen gibt, die viel interessanter sind als das, was ihr im Augenblick seid, macht und vorhabt. Wenn ihr schon müde davon werdet, dass ihr eure Seminararbeiten pünktlich abliefern müsst, wie wollt ihr denn später mal professionelle Burnout-Patienten werden, die vor lauter Multitasking nicht mehr wissen, wie sie heißen?

Als Hauptmotiv für die Prokrastination wird häufig die Versagensangst angeführt. Aber die Versagensangst ist in Wahrheit ein wichtiges Korrektiv. Wären wir nicht in der Lage, auch unser Scheitern als Möglichkeit in Betracht zu ziehen, würden wir vermutlich alle irgendwann größenwahnsinnig werden. Die Unfähigkeit, die Signale des Hirns richtig interpretieren zu können, ist weniger ein Beleg für die überhöhten Ansprüche, welche Arbeit und soziales Leben an uns stellen. Sie sind vielmehr ein Hinweis darauf, dass wir uns mehr und mehr, und oft schon in jungen Jahren, von unseren autonomen Fähigkeiten verabschieden. Wir kennen uns nicht mehr richtig und wollen uns auch nicht mehr richtig kennen. Normale Vorgänge, Launen unserer Natur und alltägliche Defizite begreifen wir als Persönlichkeitsstörung. Das legitimiert uns dazu, wegen jedem Kinkerlitzchen Hilfe zu holen, uns in Therapie zu begeben, unsere Verantwortung für uns selbst an andere zu delegieren. Warum soll ich mir Sorgen um mich selbst machen; weshalb muss ich als junger Mensch die Anstrengung auf mich nehmen, meine Ziele abzustecken und mich zu fragen, warum ich gerade nicht in der Lage bin, mein Leben auf die Reihe zu kriegen; warum soll ich all dies tun, wenn ich genauso gut in die Therapie gehen kann? Es gibt für studentische an Prokrastination Leidende an manchen Universitäten sogar Ambulanzen, um einen akuten Aufschiebe-Schub zurückzuschieben. In einer auf längere Zeit angelegten Therapie sollen die Prokrastinaten pro geschaffter Lerneinheit eine Murmel in ein Einmachglas werfen.

Eine Fallgeschichte könnte sich so lesen: Die 23-jährige Germanistikstudentin Lena hat gerade ihr fünftes Semester beendet und steht nun vor der Bachelor-Prüfung. Bis dahin hat sie sich im Rahmen verschiedener Praktika einen Überblick über ihre beruflichen Perspektiven verschafft; ein viersemestriges Auslandsstipendium hat ihr offenbart, dass am Trinity College in Dublin andere pädagogische Sitten herrschen als an der Münchner Ludwig-Maximilians-Universität. Wenn ein Student des Trinity zwei Tage nicht im Seminar erschienen war – sei es wegen Krankheit oder wegen der Pubs – erhielt er am dritten Tag einen freundlichen Anruf seines Professors mit der Frage, ob irgendetwas vorgefallen sei, was dem Studenten das zügige Lernen vergälle, oder ob er sich im Seminar nicht recht wohlfühle. Natürlich sind derlei Fürsorge-Anrufe kluge Schachzüge von Lehrenden, die wissen, dass Studenten grundsätzlich anfällig sind für Bummeleien, was ja nicht schlimm, sondern eine Begleiterscheinung ihres jugendlichen Alters ist. Trotzdem ist die zarte, aber bestimmte Nachfrage des Tutors ein erster Schritt zur Prokrastinationsprophylaxe. Lena hätte da eigentlich schon etwas merken können.

Für die Bachelor-Prüfung hat sie drei Themen zur Auswahl, sie hat sie sich selbst ausgesucht und sie lauten: Goethes *Werther*, ein Klassiker; Sten Nadolnys *Entdeckung der Langsamkeit*, ein schönes Beispiel für postmodernes Schreibspiel, und Katharina Hagenas Romans *Der Geschmack von Apfelkernen*, ein hübsches Stück Batik-Literatur, leicht lesbar und doch mit den Problemen des Altwerdens und der Demenz befasst – also viel Raum für Interpretationen nach dem gelernten hermeneutischen Prinzip. Lena hat das alles gelesen und fand jedes Buch auf seine Art spannend. Sie hat sich Exzerpte gemacht, so weit alles gut. Aber jetzt kommt allmählich der Prüfungstag näher und damit die Herausforderung, das Exzerpierte in ein tragfähiges Denkgebäude zu überführen, sprich: zu lernen.

Lena geht nicht einmal gerne aus, sie hat auch keinen Freund, aber viele Freunde, insgesamt sind es 256, vielen begegnet sie allabendlich auf Facebook. Aber mit denen kann sie sich nicht über den Geschmack von Apfelkernen austauschen, da geht es mehr um *Mad Men* und *The Wire* oder den neuen Hut von Kate Mountbatten-Windsor. Sie möchte eigentlich nicht immer auf Facebook sein, aber immer, wenn sie die Exzerpte über den Geschmack von Apfelkernen ansieht, geht ihr Finger automatisch auf die Maustaste und – klick – ist sie wieder bei ihren 256 Freunden. Einige von ihnen haben schon kleine Kinder, und wenn Lena die Fotos von niedlich zerknautschten Säuglingsgesichtern sieht, fällt ihr ein, dass sie auch noch in der Pflicht steht, in einigen Jahren Mutter zu werden, denn das gehört zur Rundung eines erfolgreichen Lebens im 21. Jahrhundert dazu. Natürlich hat Lena ihr ohnehin zeitlich knapp bemessenes Studium von Anfang an durchgeplant. Sie hat zwei Auslandssemester in Frankreich verbracht, in Lille, wo sie sich in einen Spanier verliebt hat, der ein Auslandssemester in Berlin absolvierte, sodass sie die meiste Zeit auf Facebook war oder auf Skype, um mit ihm Kontakt zu halten. Von Lille hat sie nicht so viel mitbekommen und vom Studium weiß sie nur, dass es Listen gibt, die helfen, ein bestimmtes Grundwissen von Literaturgeschichte in relativ kurzer Zeit auf den Schirm zu bekommen. Manchmal weiß Lena nicht, was sie eigentlich will, wofür das steht, was sie da alles so macht, und dann fühlt sie sich ausgebrannt wie eine Managerin im zehnten Berufsjahr. Ihr Lebenslauf ist vom ersten Praktikumsplatz an auf Erfolg angelegt. Es gibt kein Mäandern, es gibt kein Vertrödeln, es gibt nicht den Luxus des Verweilens und des Zweifelns.

Kurz gesagt: Es warten Anforderungen in immer weniger überschaubarer Zahl auf die junge Frau, und jetzt möchte sie erst einmal einen schönen laktosefreien Cappuccino trinken, ehe sie sich an den Geschmack von Apfelkernen macht. Sie geht dazu in das kleine Café an der Uni, da hat sie es nicht allzu weit zur Bibliothek, wo sie seit dem frühen Morgen sitzt und exzerpiert. Im Café an der Uni trifft sie den Mitstudenten Marc, der zwar ein ganz anderes Studienfach absolviert, aber ebenso stark unter Prüfungsdruck steht wie Lena. Gegenüber Marc beklagt sie, dass es kaum noch Betreuung an den Fakultäten gebe und sie am liebsten noch ein Auslandssemester einlegen möchte. Marc dagegen hat den gesamten Prüfungskram schon intus, er prokrastiniert nicht und schlägt vor, den Abend im Biergarten ausklingen zu lassen. Lena willigt ein und kehrt spät am Abend in ihr Zimmer zurück, betrunken von zwei Maß Bier und angestrengt von den Avancen, die Marc ihr gemacht hat. Sie hat keine Lust auf Marc, sie muss arbeiten. Aber es geht nicht, weil sie immer wieder abgelenkt ist. Irgendwann kann Lena nicht mehr. Sie lässt sich einen Termin beim Psychologen geben. Der sagt ihr, dass sie sich für jede erbrachte Leistung belohnen muss. Zum Beispiel indem sie, immer wenn sie etwas geschafft hat, eine Murmel in ein Einmachglas wirft. Wenn das Einmachglas voll ist, hat sie sich ideal auf die Bachelor-Prüfung vorbereitet.

Ja, wir scheinen tatsächlich mächtig einen an der Murmel zu haben. Und wie es aussieht, finden wir uns auch ganz zauberhaft dabei. Wir begegnen jedem, der sich uns mit einem der drei klassischen Erschöpfungsleiden vorstellt, mit größtem Verständnis und Mitleid. Denn zu den wichtigen Riten der Erschöpfungsgesellschaft gehört die unbedingte Solidarität mit den Opfern. Jeder, der seine weiße Fahne mit dem Burnout-Logo hochhält, wird mit Samthandschuhen angefasst, Spott bedeutet nicht weniger als Blasphemie und Ratschläge dürfen nicht erteilt werden, denn an diese fragilen

Zivilisationsopfer dürfen jetzt nur noch die Experten ran. Wir sind alle keine Freunde der schwarzen Pädagogik vergangener Jahrzehnte. Wir wissen, dass es in einer unübersichtlichen Welt wie der heutigen Schwierigkeiten gibt, die es 15 Jahre zuvor nicht gegeben hat. Wir wissen, dass die Anforderungen des Bildungssystems inzwischen sogar die Kinder erreicht haben, die nachts nicht mehr schlafen können, weil sie mit ihren ebenfalls wie Espenlaub zitternden Eltern fürchten, den Übergang auf das Gymnasium nicht hinzubekommen, weil der Notendurchschnitt das nicht erlaubt. Aber es gibt auch in einer auf Optimierung geeichten Welt eine Pflicht zur Selbstverantwortung des Einzelnen. Und vielleicht hat es auch etwas mit Mündigkeit zu tun, wenn eine Studentin davon Abstand nimmt, ihre Lahmarschigkeit beim Lernen als psychische Störung zu begreifen und stattdessen einfach mal loslegt mit dem Arbeiten. Wenn die Eliten ständig damit drohen, über ihrer Elitearbeit verrückt zu werden, muss man sich die Eliten vielleicht wirklich aus China holen, wo Europäer mit ungläubigem Staunen angeschaut werden, wenn sie darum bitten, eine viertelstündige Kaffeepause einzulegen.

Natürlich wird auch Boreout als legitimes Leiden anerkannt, Psychologen und Verhaltensforscher sind zuverlässig zur Stelle, wenn es gilt, den Gelangweilten mit Attesten beizuspringen. Boreout und Burnout stehen aber auch, so lehren uns die Analytiker, auf unterschiedlichen sozialen Rängen. Und sie verhalten sich in einer Art Attraktivitätskonkurrenz zueinander. Wer sich für Burnout entschieden hat, gilt als Opfer seiner Leistung. Wen dagegen Boreout hingestreckt hat, ist nur unfähig, sich an seinem Arbeitsplatz ordnungsgemäß zu beschäftigen. Die Burnouter stellen gewissermaßen den Adel der Opfergesellschaft, die Boreouter sind das nichtsnutzige Fußvolk. Wie muss eigentlich jemand beschaffen sein, um allen Ernstes zu einem Arzt zu rennen und dem zu sagen: Bitte helfen Sie mir, ich langweile mich zu Tode? Ein normaler Arzt hätte ihm vor zehn, 15 Jahren geraten, sich mal ein bisschen ins Zeug zu legen und Arbeit zu suchen. In jedem Betrieb gibt es genug zu tun, und wenn man mal wieder die Teeküche ein bisschen blank putzt, kann das erstens auch nicht schaden und zweitens ist es keine Schande, auch mal jenseits der eigenen Stellenbeschreibung nützlich zu sein. Und wenn du dazu keine Lust hast, dann sitz doch einfach die paar Stündchen im Büro ab und geh anschließend schön in die Sauna oder spiel mit deinen Freunden Skat. Wo ist das Problem?

Ja, die Frage »Wo ist das Problem?« hat im Bore- und Burnout-Zeitalter ein bisschen etwas von der Frage nach dem Apportierstock des Hundes. Such den Stock, such das Problem. Jedes Unbehagen muss mit einer potenziellen Erkrankung verlinkt sein. Sieh also zu, dass du in jedem Fall ein pathologischer Fall bist, auch wenn du dich gerade nur langweilst und glaubst, deshalb ein Pfeifen im Ohr zu haben.

Erstaunlich ist, dass es gegen die Behauptung, man habe nichts zu tun und sei deshalb krank, kaum Widerspruch gibt. In einer Gesellschaft, in der viele Menschen um den Erhalt ihrer Arbeitsplätze bangen, mit geringen Einkünften leben oder mit den Leistungen aus den Hartz-IV-Gesetzen zufrieden sein müssen – in einer solchen Zeit müsste den pathologisch Gelangweilten eigentlich ein scharfer Wind ins Gesicht wehen. Aber niemand herrscht die Boreouter an, niemand sagt ihnen: Reißt euch zusammen, geht doch bitte arbeiten. Oder möchtet ihr mit der alleinerziehenden zweifachen Mutter aus Berlin-Wedding tauschen, die sich gerne mal ein bisschen langweilen möchte, es aber nicht kann, weil ihr Leben von der Sorge um das Überleben ihrer Kinder in Spannung gehalten wird? Nein, es ist ganz anders: Alle nicken verständnisvoll, wenn es heißt, der Herr N. hat sich in seinem hochbezahlten Job krankgelangweilt und muss nun erst mal an den Chiemsee zur Kur.

Was aber ist mit uns anderen, die wir durchaus auch viel arbeiten, manchmal auch am Wochenende am Schreibtisch sitzen und, sofern etwas Dringendes anliegt, auch nicht in der Bar das Handy auf Stumm stellen? Was ist mit uns, die wir genauso kräftig am Gelingen unseres Gemeinwohls mitwirken und trotzdem nicht ausbrennen wie junge Wunderkerzen? Wir müssen uns kritische Fragen anhören, so als gingen wir mit faulen Tricks durchs Leben, als arbeiteten wir mit doppeltem Boden, als verwendeten wir Dopingmittel. Offenbar ist es eine von vielen vertretene Ansicht, dass eine gute Arbeit im beginnenden 21. Jahrhundert nur am Grad der Erschöpfung zu messen ist, die sie nach sich zieht. Die Krankheit als Folge von täglicher Mühe ist der Normalfall, nicht der Feierabend. Trotzdem können auch diejenigen, die nicht ausbrennen, weil sie zu wenig zu tun haben, am Ende auf eine erlösende Diagnose hoffen: Burnout, Boreout oder Prokrastinie, ganz wie Sie wünschen.

Wenn wir in die Buchhandlung gehen und den Buchhändler fragen, was er uns denn mal als Lektüre empfehlen würde, wenn wir ein bisschen etwas über unsere Gesellschaft und den Begriff von Arbeit und Sinn und Erfahrung wissen wollen, dann zerrt er uns wie einen störrischen Lehrling vor den Tisch mit den Burnout-Titeln: Erfahrungsberichte, Hilfsanleitungen, ja, sogar ganze Romane werden über Burnout geschrieben, das sind wahrscheinlich mehr als über den Zweiten Weltkrieg, Vietnam und Irak zusammen. Wenn wir ins Kino gehen, haben wir es immer öfter mit Filmen zu tun, in denen Menschen mit Zivilisationsschäden im Mittelpunkt stehen. Alles ist Krankheit, alles ist therapeutisch. Wer einmal zu viel masturbiert hat, ist sexsüchtig; wer raucht, ist nikotinsüchtig, wer trinkt, muss in die Entwöhnung; und wer das Leben als grundsätzlich heitere, weil ohnehin begrenzte Zeit begreift, gilt als unernster Zeitgenosse, dem das menschliche Elend egal ist.

Wie man richtig lebt, weiß niemand so richtig. Aber dass diejenigen, die ein bisschen über den Durst leben, grundsätzlich falsch leben, das wissen vor allem diejenigen, die uns mit Verboten, Anweisungen und Lebenshilfeterror Tag für Tag auf den Wecker gehen.

DIE ELENDEN ABMAHNER

Vor einigen Jahren genehmigte sich der ehemalige Bundeskanzler Helmut Schmidt eine Zigarette im Festsaal des Winterhuder Fährhauses in Hamburg. Der Saal war voll, er war an diesem Tag Schauplatz einer Veranstaltung, bei welcher Schmidt als Ehrengast geladen war. Weil man grundsätzlich davon ausging, dass Schmidt auch bei einer derart exklusiven Festivität nicht von der Gewohnheit des Rauchens Abstand nehmen würde, hatte man zu seiner Bequemlichkeit einen Aschenbecher platziert. Schmidt ist als notorischer Kettenraucher bekannt und irritiert, ja verärgert besonders die Klugen und dem Dasein zugewandten, die ganz genau wissen, dass schlechte Angewohnheiten das Leben verkürzen und vor allem die anderen belästigen. Das ist überhaupt das größte Missverständnis unserer Tage: Menschen, die das Leben genießen, hindern mit ihrem Tun andere Menschen an der Ausgestaltung ihrer Grundrechte. Die Freude findet also auf Kosten derer statt, die das Leben eher auf Sparflamme halten, damit sie länger etwas davon haben, immerhin glauben sie das. Jedenfalls zeigte drei Wochen später ein übergeschnappter Nichtrauchermissionar namens Horst Keiser den Altbundeskanzler bei der Staatsanwaltschaft an – wegen versuchter Körperverletzung. Natürlich überlegt man sich als verantwortungsvoller Staatsbürger, ob man nicht seinerseits Horst Keiser wegen Körperverletzung anzeigen sollte, weil man vor Wut Bauchschmerzen bekommt, wenn man sein kleines, böses Rechthabergesicht im Internet sieht, und Bauchschmerzen können zu chronischer Gastritis führen – in dem Fall hätte Horst Keiser zahlen müssen. Aber das wäre nutzloses Eifern gewesen, denn die Stunde der Horst Keisers hat längst geschlagen – die Stunde der Weltverbesserer, der Ermahner, der ungefragten Ratgeber, Hausmeister und Sektengründer, kurz: der Türsteher einer geschlossenen Gesellschaft. Eine ganze Weile waren wir alle so stolz darauf, dass wir in einer Zeit leben, in der es kaum noch Tabus gibt. Gut, manchmal kam ein niedlicher Theaterfrechdachs oder ein französischer Schriftsteller angerannt und behauptete, er habe eines der letzten Tabus gebrochen. Dann gähnten meistens alle, weil das Tabu ja schon längst gebrochen und ausrangiert in der Asservatenkammer der postmodernen Gesellschaft herumgammelte.

Ja, wir sind nicht nur ausgebrannt, weil wir zu viel arbeiten, sondern auch, weil wir inzwischen jede Art von Genuss, jede hedonistische Überschreitung als Sündenfall sehen. Und auch hier haben die Streiter gegen das Laisser-faire den Staat und seine tangentialen Institutionen an ihrer Seite. Nehmen wir gleich mal die Raucher zum Beispiel. Zu keiner Zeit hat es dermaßen viele Kampagnen gegen den Nikotingenuss gegeben wie heute. Man kann gelegentlich den Eindruck gewinnen, die Schädlichkeit des Rauchens sei erst in den vergangenen fünf Jahren erkannt worden. Dabei wusste man auch in früheren Jahren, dass Tabakgenuss genau wie übermäßiges

Trinken dem Wunsch nach einem langen Leben eher abträglich ist. Aber es wurde nicht sanktioniert, weil man vor 30 Jahren noch nicht das Bedürfnis hatte, die Gesellschaft in Leistungsträger und Genießer zu unterscheiden. Die Leistungsträger arbeiten so lange und so intensiv, bis sie in die Burnout-Klinik müssen. Die Genießer arbeiten auch, aber sie gehen an ihrer Arbeit nicht zugrunde, weil sie den philosophischen Überbau des Epikur haben, der seinerzeit die gute Losung ausgab: »Man kann nicht in Freude leben, ohne mit Vernunft, anständig und gerecht zu leben; aber man kann auch nicht vernunftvoll, anständig und gerecht leben, ohne in Freude zu leben.«

Mit der Freude ist es in unserer Reglementierungsgesellschaft allerdings schwierig bestellt. Obwohl wir uns pluralistisch geben, ist Lebensfreude eine unteilbare Größe geworden, weil sie so viel Konfliktpotenzial mit sich führt. Zu keiner Zeit wurde in Deutschland dermaßen unverschämt in die Lebensführung der Menschen eingegriffen wie heutzutage. Und noch nie gab es gegen den Ratgeber- und Warnhinweis-Wahn dermaßen wenig Protest. Warum machen wir das alles mit? Warum lassen wir uns alles verbieten? Warum lassen wir uns erzählen, dass wir früher sterben, nur weil unser Body-Mass-Index über 25 liegt? Wie war eigentlich der Body-Mass-Index von Winston Churchill – war der nicht viel zu hoch? Und der von Konrad Adenauer nicht viel zu niedrig? Beide sind 90 geworden. Warum glauben wir, dass es gesund ist, kiloweise Obst und Gemüse zu essen, obwohl die Zähne von Fruchtsäuren zersetzt werden und Mangelernährung droht? Wissen wir nicht mehr, dass wir ein Recht darauf haben, dick zu sein? Ein Recht, ungesund zu leben, ja zu rauchen und zu trinken, als hätten wir mit Bacchus eine Wette abgeschlossen, wer als Erstes unterm Tisch liegt? Tabus, argumentiert der große Philosoph Karl Popper in seinem Essay *Die freie Gesellschaft und ihre Feinde*, Tabus beruhen auf magischen Ideen, wie etwa auf der Idee, dass die Schicksalsmächte besänftigt werden müssen. Deshalb hat die Pharmaindustrie dem Botox andere Bereiche als die Heilung von Muskelerkrankungen und Migräne erschlossen, denn die Schicksalsmacht des Alterns sitzt in den Tränensäcken, da kommt die Nadel noch gut hin. Oder warnen Gesundheitsexperten auch schon vor dem Zeug? Also, was jetzt? Ständig Schläge zu bekommen, ist grausam, aber ständig Ratschläge zu bekommen, ist die Hölle. Trotzdem erhalten wir von allen Seiten Tipps zur Ernährung, müssen wir in Internettests auskundschaften, ob wir schon Alkoholiker sind oder noch ein normales Trinkverhalten haben: »Wenn Sie mehr als drei Fragen mit Ja beantwortet haben, sollten Sie einen Arzt oder Therapeuten konsultieren.« Mittlerweile muss es zur Allgemeinbildung gehören zu wissen, dass ein Mann nur 20 bis 24 Gramm Alkohol zu sich nehmen darf, wenn er die »risikoarme Schwellendosis« nicht überschreiten will. Frauen sind angehalten, nur die Hälfte davon zu trinken, also einen dionysisch bis zum Rand gefüllten Fingerhut. Die Durchgeknalltheit von Menschen, die glauben, sie könnten die Welt retten, indem sie einmal weniger mit dem Flugzeug fliegen oder abends Kerzen statt Glühbirnen brennen lassen, gilt mittlerweile beinahe als Normalität. Und einige politische Gruppierungen, allen voran die Grünen, haben das linke Ökospießertum in ihre Parteiprogramme aufgenommen. In Berlin machte vor Kurzem der Pankower Bezirksstadtrat Jens-Holger Kirchner von sich reden, indem er für Pankower Gaststätten das sogenannte Smiley-System einführte. Restaurants, die sich an die Hygieneverordnungen hielten, wurden mit einem Smiley belohnt. Wer dagegen wie der Wirt der Kneipe Majakowski seinen Salat in der Badewanne reinigte, wurde im Internet an den Pranger gestellt und konnte sich mit dem Gedanken anfreunden, sein Lokal zu schließen. Die Tatsache, dass vieles in unserer globalisierten Welt ungerecht ist, ruft immer wieder Gerechtigkeitsfanatiker auf den Plan, die in ihrer mormonenhaften Schmallippigkeit alles diffamieren, was sich nicht vor jeder biologisch gereiften Matschtomate in den Staub wirft. Es handelt sich um moralisch Erwählte, die täglich für die Weltrettung kämpfen, um den Preis des Verzichts auf alles, was das Leben angenehm macht. Dabei ist ihnen durchaus klar, dass jeder Mensch, der normal lebt, Sünden an der Unversehrtheit der Welt begeht. Unangenehm an solchen Gewissenspredigern ist nicht, dass sie Gewissen predigen. An Gewissen mag es in unserer Welt durchaus mangeln und auch am Bewusstsein für die Zusammenhänge zwischen kapitalistischer Gewinnsucht und der Ausbeutung von Dritte-Welt-Ländern. Das Erschreckende, mitunter ein bisschen Widerwärtige an diesen Zeigefinger-Sirenen ist ihr Hang zur Diffamierung jener, die sich nicht der quasireligiösen Selbstdisziplinierung zugunsten der Weltrettung verschrieben haben. Eine dieser keifenden Kassandras ist die Blog- und Buchautorin Kathrin Hartmann. Wenn man sich in ihrem Blog *Ende der Märchenstunde* umsieht, gewinnt man sehr schnell den Eindruck, dass einer in dieser Gesellschaft grundsätzlich ein Ausbeuter bleibt, selbst wenn er sich jeden Nachmittag unter einen Birnbaum legen und warten würde, dass die reifen Früchte freiwillig, also zwanglos und mehr oder weniger selbstbestimmt herunterfallen. Die Bloggerin gehört zu jenen immer zahlreicher werdenden Salonökologen und selbst ernannten Abmahnungsautoritäten, die von ihrer eigenen Bequemlichkeit und Saturiertheit derart angewidert sind, dass sie ihren Selbstekel auf all jene projizieren, die nicht jeden Tag mit einem schlechten Gewissen gefoltert sind, weil sie einen Lammbraten essen. Es ist auch vollkommen gleichgültig, wie sehr sich Menschen bemühen, seien es umweltbewusste Geschäftsleute oder Familien, die schauen, dass sie möglichst wenig Treibhausgase ausstoßen – diese Weltverbesserer senken grundsätzlich den Daumen, weil es in diesem Land einfach immer noch nicht gelungen ist, den ökologisch-sozialen Übermenschen zu züchten, welcher dem strengen Maßstab der Nachhaltigkeitspriester gerecht wird. Ein schönes Beispiel ihrer grotesken moralischen Überkonditionierung gibt Hartmann selbst in ihrem aufschlussreichen Blog: »Gerade habe ich zwei Päckchen voll korrekten mexikanischen Rebellen-Kaffee erhalten, die ich online bestellt habe. Geliefert wurde mir das Paket ausgerechnet von DPD, einem Paketzusteller mit miesen Arbeitsbedingungen und katastrophalen Löhnen für Kurierfahrer. Das bringt jetzt meine Hauptthese ziemlich genau auf den Punkt: Es gibt kein richtiges Einkaufen im falschen Wirtschaftssystem.« Zur Erinnerung: Die Autorin spricht vom selben Wirtschaftssystem, das es ihr ermöglicht, diesen Blog zu unterhalten und ihre Bücher zu vermarkten und zu verkaufen. Es ist diese unauflösbare Verlogenheit, welche derartige Äußerungen einerseits so nervend, andererseits so unglaubwürdig macht.

Der Puritanismus der Moralpolizisten speist sich aus dem Empfinden, nun an einem Punkt angelangt zu sein, an welchem wir nicht mehr so leben dürfen wie gewohnt. Die Globalisierung hat unsere Welt nicht unbedingt in die Krisen gejagt, mit denen wir heute zu kämpfen haben. Ungerechtigkeit, Ausbeutung und Zerstörung von Naturreservaten hat es auch schon vorher gegeben. Nur das Bewusstsein um diese Dinge gab es eben nicht so deutlich wie in unseren Tagen. Die restriktiven Mahntiraden der selbst ernannten Weltenretter erinnern an die Prämissen radikaler Religions- und Sektenführer. Es ist die knochenfingrige Warnung vor Armageddon, die menetekelhafte Sage vom Ausbrennen der sündigen Leiber in der Hölle des Jüngsten Tages. Viele Jahrzehnte haben wir, ohne Widerspruch zu ernten, darauf bestanden, den Wohlstand, der in unserem Land herrscht, auch zu genießen. Es galt die Regel, dass Menschen, die arbeiten, auch in Urlaub fahren dürfen, dass sie essen und trinken dürfen, was sie wollen, dass sie ungesund leben dürfen, wenn es ihnen Spaß macht. Denn das ungesunde Leben ist ein Freiheitsrecht. Jeder darf mit seinem Leben das tun, was er für richtig hält. Nun gelten all diese Privilegien als unmoralisch oder wenigstens als schmutzig. Wer den Genuss lebt, beleidigt diejenigen, die sich tagtäglich Sorgen um den Regenwald machen müssen. Wer öffentlich raucht, beschmutzt das Anstandsempfinden derer, die nicht rauchen. Und wer in einer U-Bahn eine Flasche Bier aufmacht, wird misstrauisch angeschaut, als treibe er ein Teufelswerk, dessen Anblick einen bewusst und gesund lebenden Menschen bereits verhext. Wir müssen aufpassen, dass diese freudlosen Unlustpropheten uns nicht mürbe machen mit ihrer anmaßenden Art, uns das richtige Leben zu lehren.

MUT ZUM HEDONISMUS

Denn es ist ja wahr: Seit einiger Zeit wissen wir eigentlich gar nicht mehr so genau, wie wir richtig leben sollen. Besser gesagt: Wir sind unsicher geworden, ob wir so leben dürfen, wie wir gerne möchten, und ob die Welt vielleicht noch ein bisschen schlechter wird, als sie ohnehin schon ist, wenn wir es uns gut gehen lassen. Blöderweise kann man uns auch aufgrund unserer Erziehung und Bildung dermaßen leicht am ethischen Schlafittchen packen, dass wir in allem, was das Leben einigermaßen erträglich macht, unsicher werden wie größer gewordene Kinder, denen zum ersten Mal klar wird, dass man nach dem Sprung vom Dreier theoretisch auch querschnittsgelähmt sein kann.

Wenn wir eine Handvoll bunten Pfeffer in ein blutiges Stück Fleisch einmassieren, denken wir nicht mehr an Jean Anthèlme Brillat-Savarin, den eleganten Küchenhedonisten aus dem Paris des 19. Jahrhunderts, nicht mehr an seine große Feier der aufwendigen Kulinarik und des Epikureertums und damit auch nicht mehr an seine legendäre Cointreau-Ente oder den Hautgout-Fasan, der an den Schwanzfedern aufgehängt wird und erst zubereitet werden kann, wenn er vom

Haken fällt. Nein, wir denken leider an Jonathan Safran Foer, den amerikanischen Schlachthausbegeher, der uns mit verdruckst auf die kalte Herdplatte gedrücktem Daumen erklärt, dass wir mit unserem Wunsch, Fleisch zu essen, die Klimakatastrophe befördern und das endlose Leid der Lämmer und Schweine in eine neue Dimension führen. Wir denken an unsachgemäß betäubte Hühner, an Kälber, die schwer verwundet durch die Plantage laufen, weil irgendein grober Schlachtergeselle sie nicht ordnungsgemäß getötet hat.

Beim Fachbegriff »Hummeressen« erinnern wir uns nicht mehr an die unermesslich schönen Sommerabende, an denen wir im Languedoc sündhaft überladenen Assiettes de fruits de mer gegenübersaßen und das schöne weiße Fleisch aus den Armen der Krustentiere zogen, nicht mehr an die Momente entrückter Genusssucht im Hafen von Sète, während die verschwitzten Fischer die Körbe mit den Langusten in die Container rauschen ließen. Nein, wir erinnern uns an den grausamen Hummer-Essay von David Foster Wallace, denken daran, dass der Lobster sich verzweifelt an den Laschen der Kartonpackung festhält, weil er weiß, dass das kochende Wasser ihn qualvoll verrecken lassen wird.

Natürlich denken wir zu Recht an diese Dinge und wir wissen auch, dass ein direkter Zusammenhang besteht zwischen unserem Wunsch, gut zu leben, und dem Umstand, dass wir damit eine Reihe von weltweiten Gleichgewichten aus der Balance bringen. Was wir darüber hinaus ahnen, ist, dass wir diesen Konflikt nie so richtig lösen können. Wir möchten ganz bestimmt nicht, dass die Erde unseretwegen untergeht.

Das ist das eine. Andererseits ist es relativ wahrscheinlich, dass wir, bevor die Erde untergeht, unsererseits die Waffen strecken werden, und wenn wir auf dem Sterbebett Bilanz ziehen, wollen wir dann wirklich sagen: Ich habe alles dafür getan, dass der Hummer nicht so große Angst vorm kochenden Wasser haben muss, das Huhn im Alter von 26 Jahren eines natürlichen Todes gestorben und der Tabak ungeerntet auf der kolumbianischen Plantage eingetrocknet ist? Wollen wir wirklich stolz darauf sein, dass wir die Bierkneipen rauchfrei gehalten, den Alkoholpegel exakt eingehalten haben und niemals fremdgegangen sind? Möchten wir unseren Enkeln erzählen, dass wir, als wir knapp über 40 waren, unser Leben grundsätzlich downgeshiftet und unter der demütigend dämmrigen Energiesparlampe alles von Al Gore gelesen haben, auf dass es uns noch beschissener gehe?

Nein, das möchten wir nicht.

Stattdessen möchten wir uns erinnern, dass es eine Zeit gab, und sie ist noch nicht sehr lange her, da man viele Dinge tun konnte, ohne dass sie einem gleich um die Ohren geflogen sind. Zum Beispiel – man darf das Wort kaum aussprechen, weil es ein Schweigen über so viele Untaten einschließt – das Rauchen. Das Zigarettenrauchen galt schon vor 30 Jahren als gefährlich und man durfte auch nicht grundsätzlich mit Applaus rechnen, wenn man sich eine ansteckte. Aber man galt nicht gleich als Straftäter und wurde im Café noch nicht von hysterischen Mutterhänden aus der Welt gefuchtelt. Und dass es durchaus Menschen gibt, die täglich fünf, sechs Zigaretten rauchen und trotzdem nicht mit 60 sterben – dies zu behaupten, galt seinerzeit nicht als obszön.

Es galt vielmehr als ausgemacht, dass das Leben grundsätzlich eher nicht leicht ist und sich jeder seinen Weg suchen darf, es erträglicher zu machen. Mag sein, dass Serge Gainsbourg das mit dem Rauchen und dem Trinken und all den anderen Sachen ein bisschen übertrieben hat. Aber Serge Gainsbourg sah mit seinen hedonistisch durchwalkten 61 Lebensjahren irgendwie menschlicher und in jedem Fall umarmenswerter aus als Sebastian Frankenberger. Frankenberger ist der Mann, sagen wir besser: der Jüngling, der in Bayern durchgesetzt hat, dass in keiner einzigen Kneipe, und sei sie auch noch so verlottert und prekär, eine Zigarette aufglühen darf.

Der Mann ist so jung und dabei im Kopf so viel älter, als wir je werden können, selbst wenn wir nicht mehr rauchen, trinken, Fleisch essen und vier Stunden in der Augustsonne am Strand von Narbonne verbringen. Das Frankenbergertum ist an die Stelle des sorglosen Genießens gerückt. Das Frankenbergertum ist die unselige Seligkeit derer, die grundsätzlich Angst vorm Leben haben, weil sie dunkel ahnen, dass man am Leben auch sterben kann, und die darum denen, die sich nicht so arg davor fürchten, erklären müssen, dass sie ihr ganzes Leben aufs Spiel setzen, wenn sie nicht maßhalten. Kommt es uns nur so vor oder ist das alles jetzt doch ziemlich plötzlich geschehen?

Vor Kurzem noch ist doch kaum ein Fernsehsender ohne Fernsehköche ausgekommen, die sorglos irgendeine kräutergesättigte Pampe angerührt und einen ganzen Zoo in die Bratenröhre geschoben haben. Diese Feier der Wohllebe mit ihrem ganzen Garzeitengedöns und Gute-Produkte-Gerede ging einem natürlich irgendwann ein bisschen auf den Zeiger, aber plötzlich wurde allen schlagartig bewusst, dass es neben dem Genuss auch Hunger, Armut und Ausbeutung in der Welt gibt. Das Frankenbergertum hatte uns wieder in seinen Griff genommen. Der gespickte Lafer-Hase blieb uns im Hals stecken und nun hieß es, wir müssten verdammt aufpassen, dass wir die Erde nicht komplett leer fressen mit unserem Jamie-Oliver-Epikureertum.

Ach, apropos Epikur: Er schrieb in seinem Brief an Menoikeus, dass kluge Menschen mit der Freude am Leben doch ohnehin nicht das proletige Gefresse und Gesaufe der Prasser meinen; ihnen gehe es doch einfach darum, mit den Genüssen, die einem praktisch zur Verfügung stehen, dergestalt zu hantieren, dass sie einem das Leben ein bisschen angenehm machen. Das Gegenteil glaubten lediglich, sagt Epikur, »die Unwissenden oder Leute, die unsere Lehre nicht verstehen oder sie böswillig missverstehen«.

Epikur meint hier nachweislich die Frankenbergers und Hartmanns.

Und Michel de Montaigne, der große Selbstbeobachter aus Bordeaux, vermerkte in einem Essay: »Mir würde jede Esslust genommen, wenn ich mich nach ärztlicher Vorschrift mit täglich drei, vier mageren Mahlzeiten abquälen müsste. Wer könnte mir dafür bürgen, dass mir zum Abendessen nicht der morgendliche, für alles off'ne Appetit vergangen sein wird? Lasst uns . . . feste zugreifen, sobald sich eine günstige Gelegenheit bietet! Überlassen wir die täglichen Diätempfehlungen den Ärzten und den Kalendermachern.«

Das Ärgerliche ist nur, dass die Kalendermacher uns ständig darauf hinweisen, dass wir mit fast allen Lebensäußerungen, die wir tun, die Welt wenn nicht zerstören, so doch ungebührlich beschmutzen. Wenn man eine 100-Watt-Glühbirne einschaltet, weil man es im Herbst ganz gerne von einer Sekunde auf die andere richtig hell hat, steht man energiemoralisch ungleich schlechter da als einer, der eine Energiesparlampe in die Fassung schraubt und dafür kostbare Lebensminuten im weltrettenden Halbschatten verbringt.

Menschen, die gern abends zu Hause sind und Gemüseaufläufe kochen, welche aus saisonalem Gemüse bestehen, das am besten auch noch aus der Region stammt – diese Menschen sind liebe Menschen, weil sie einigermaßen wenig Kohlendioxid verbrauchen. Natürlich gibt es auch die anderen, nicht ganz so lieben, die es schön finden, abends im Restaurant zu sitzen, Fleisch zu essen und Wein zu trinken. Diese Menschen erzeugen wiederum viel zu viel CO_2. Aber sie erzeugen auch ziemlich viel gute Laune, und die ist ein nicht gering zu schätzender Wert. Selbstverständlich stehen sie auch im Verdacht, dass sie ihren Hedonismus nicht nur im Restaurant ausleben, sondern vielleicht auch gerne längere Urlaubsreisen in ferne Länder unternehmen. Mit dem Flugzeug nach Vancouver, weil Vancouver schön ist und Vancouver Island darüber hinaus tausendmal schöner als Fehmarn. Aber wer nach Fehmarn in Urlaub fährt, könnte einen Großteil der Strecke mit der Bahn zurücklegen und 96 Prozent CO_2-Emissionen einsparen. Dafür ist er dann allerdings nur auf Fehmarn.

Wir hinterlassen, sofern wir in diesem Leben überhaupt Spuren hinterlassen, wo wir sitzen, gehen und stehen, unsere sogenannten CO_2-Fußabdrücke. Und in dem Augenblick, da wir uns bewusst machen, dass wir selbst dann, wenn wir vornehm in ein Kissen rülpsen, die Erde einen winzigen Millimeter näher an den Abgrund pusten, sind wir irgendwie nicht mehr die Alten, nicht wahr? Es ist leider nun einmal so, dass wir nicht beides können: Freude am Leben haben und gleichzeitig immer gut zu unserer Erde sein. Überhaupt können wir nicht immer gute Menschen sein, wenn wir gut leben wollen. Selbst wenn wir bei jeder Moussaka, die wir mit heimischen Gurken und extrem fair gehandelten Auberginen zusammenpanschen, wenn wir bei jedem Kilojoule Fleisch, das wir uns wider jede Vernunft gönnen, den CO_2-Rechner von Greenpeace konsultieren wie früher die sündige Stallmagd den Dorfpfarrer: Wir werden niemals den Wert erreichen, der uns freispricht vom Vorwurf, auf Kosten der Dritten Welt und des globalen Klimas zu leben.

Also, was machen wir jetzt? Trotzdem alles leer fressen, trotzdem durch die Welt rasen wie Zugvögel, trotzdem den Hummer kalt über die Papplasche rutschen lassen, trotzdem einen Lichterkranz aus 100-Watt-Birnen um die Stirn tragen? Oder anders herum grundsätzlich in Sack und Asche gehen und die Lebensfreude so weit dimmen, dass sie keine Emissionen mehr abgibt? Ach, da ist es schwer, zu etwas zu raten. Vielleicht sollte man sich eine oder zwei Sünden aussuchen, mit denen man sein eigenes Leben bereichert und welches das der anderen nur in Maßen zerstört. Ansonsten können wir, wenn wir ehrlich sind, mit einem schlechten Gewissen auch ganz gut leben.

Wer das Gegenteil behauptet, ist entweder naiv oder ein Lügner, und das Diktat des verantwortungsvollen Lebens ist die Kopfgeburt von Totalitaristen. Als würden wir künftig nicht in Verteilungskämpfen stecken, als müssten wir in näherer Zukunft nicht zusehen, dass wir überhaupt einen Wert in unserem Leben markieren können, der nichts mit Geld zu tun hat, das uns ja auch zusehends schwinden wird und dessen Verlust uns womöglich noch tiefer schmerzen wird als der Verlust der Sinnhaftigkeit unseres Lebens.

Natürlich wollen wir uns nicht in die Reihe derer stellen, die glauben, sie könnten der Menschheit mit ein paar Handreichungen aus der Misere helfen. Selbst ernannte Erlösungsfiguren und Verhaltensdiktatoren haben wir zur Genüge, sie halten mit ihren asketischen Spinnenfingern die Fackel an unsere Idee vom freiheitlichen Leben.

Dass wir etwas leisten müssen am Arbeitsplatz, zu Hause oder sonst wo in der Welt, sollte ein allgemeingültiges Gesetz bleiben, und die ewige Litanei, unser Leben in der digitalen Welt sei dermaßen schwierig zu bewerkstelligen, ist auf Dauer eine schwer erträgliche Begleitmusik. Wir wollen und sollen versuchen, gut zu leben, Genuss und Faulenzerei gehören dazu, zumal diese beiden kleinen Teufelchen harmloser sind als Burnout und Therapie, übrigens auch preiswerter für die Gesellschaft. Es mag gut sein, dass wir auf diese Weise einigen Kaffeebauern in Bolivien nicht helfen werden. Es ist auch wahrscheinlich, dass wir mit allem, was wir tun, eher dazu beitragen werden, dass die Umwelt belastet wird und die Ungerechtigkeit in der Welt eher wächst als sich verringert.

Die quasireligiöse, bußpredigerhafte Anmaßung der Askese-Apologeten hat etwas vom alttestamentarischen Apokalypse-Gekreisch. Jahrelang haben wir zu gut gelebt, wollen sie uns sagen. Viel zu lange hat der Wohlstand das legitimiert, was ihr für ein gutes Leben haltet. Jetzt kommen aber Zeiten, da ihr euch zusammenreißen, den Gürtel enger schnallen, die hellen Glühbirnen raus- und die Energiesparlampen reindrehen müsst. Die Verzichtprediger sind die kleinen miesen Heinzelmännchen des allgemeinen Burnouts: Wenn ihr weniger wollt, weniger konsumiert, weniger esst, trinkt, vögelt, dann wird wieder alles ins Lot kommen. Das Gegenteil ist richtig. Wir müssen uns für die Zeiten, die jetzt kommen, wappnen. Aber nicht, indem wir Büßergewänder anziehen und uns mit Kathrin-Hartmann-Büchern geißeln. Die Ausgebrannten dieser Welt können jetzt ruhig mal die Zügel locker lassen: Auch wer Tag und Nacht erreichbar ist, wird nicht verhindern können, dass unser Wohlstand zusammenschnurrt. Wir müssen das aber alles nicht zulassen. Wir können uns dafür entscheiden, gut zu leben, und diese Entscheidung schließt den Verzicht auf bestimmte Dinge gar nicht aus. Man kann sich auch dafür entscheiden, auf Fleisch und Alkohol zu verzichten, einfach weil man darin eine für sich selbst angenehme Lebensweise erkennt. Man soll den Verzicht nur bitte nicht deshalb üben, weil einer der immer lauter werdenden Erzengel der Schmallippigkeit einem das befehlen möchte.

DES LEBENS SÜSSE ZUM DESSERT

Pascal Bruckner hat es auf den Punkt gebracht: »In Zeiten der Knappheit setzt sich das Wesentliche durch: Kultur, Freundschaft, Lust. Es bleibt auf unserem alten Kontinent etwas von jener Douceur de vivre, um die andere Völker uns beneiden können, eine Lust, die persönliche Freiheit mit einer Zivilität des Umgangs zu verbinden, eine Lebenskunst, die auf dem besten Erbe von Jahrhunderten beruht.«

Douceur de vivre – das könnte doch die Formel sein, auf die wir uns einigen können, selbst um den Preis, am Ende der Tirade etwas feuchtaugig zu werden. Wir müssen uns nur in die Lage versetzen, zumindest ein bisschen von der Lebenssüße in unseren Alltag zu retten. Aber wir müssen andererseits auch so lebensklug sein zu wissen, dass das Leben in seinen anderen Teilen nicht süß, sondern eher herb schmeckt. Dass eine auf Erfolg und Effizienz gründende Gesellschaft beim Einzelnen Erwartungen weckt, gehört zu ihrem Wesen, und unsere Aufgabe ist es, diese Erwartungen zu erfüllen, ohne an ihnen zu zerschellen. Lasst uns doch einfach mündige Bürger sein, die eine wenn auch nur ungefähre Vorstellung von dem entwickelt haben, was sie sind und möglicherweise noch werden wollen. Die große Erschöpfung ist als großes gesellschaftliches Phänomen in den Köpfen der Aufsichtsräte, Therapeuten und Angestellten angekommen und hat dort inzwischen den gleichen Stellenwert wie früher die Lust an der Arbeit. Dass wir unsere Welt nicht mehr in der einstmals gewohnten Übersichtlichkeit vorfinden, müssten wir inzwischen verstanden haben, und dass sich unsere Nerven, unser Hirn und unser Körper grundsätzlich auch auf die Schnelligkeit, Effizienz und Unübersichtlichkeit gewöhnt haben, gehört zum Kenntnisschatz der Neurologie.

Was kann und muss der Einzelne leisten, lautet ja immer wieder die Frage fürs Kollektiv. Vielleicht muss er begreifen, dass er der Einzelne ist, dass er Wünsche und Bedürfnisse hat, die sich nur teilweise mit der Firmenphilosophie decken. Dass er das Recht hat zu scheitern, beruflich, privat, wo auch immer. Dass er einerseits an der Beschleunigung der Welt mitwirken muss, aber für sich selbst nach Feierabend ein paar Gänge runterschalten kann. Ja, wir sind alle für bestimmte Dinge zuständig. Aber wir sind nicht zuständig für alles. Wir sind dafür zuständig, dass die Firma, für die wir arbeiten, erfolgreich ist. Aber wir sind nicht Tag und Nacht dafür zuständig, denn wir sind auch zuständig dafür, dass wir selber ein bisschen glücklich, und wenn nicht glücklich, so doch einigermaßen zufrieden sind. Ein bisschen Mut gehört natürlich dazu, sich aus der Allverfügbarkeit zu beurlauben. Wenn wir uns auf die Fahnen schreiben, willige und untertänige Geister unserer Arbeit zu sein, bitte: Aber dann sollten wir nicht klagen, wenn wir ausgebrannt sind. Wenn wir aber sagen: »Das hier ist meine Persönlichkeit, meine Kraft und mein Leben, Herr Aufsichtsrat. Einen Teil davon stelle ich der Firma zur Verfügung, den Rest brauche ich selber«, dann empfehlen wir uns als unabhängige Menschen, aufgeklärte Geister, kurz gesagt: klug mit ihren Kräften haushaltende Zeitgenossen.

Alle Entscheidungen für oder gegen das Leben haben wir selber zu treffen. Wir benötigen keine Ratschläge und keine Bedienungsanleitungen, wenn wir einfach nur vernünftig genug sind, unser Leben so zu bündeln, dass ein beträchtlicher Teil der Energie für uns selbst übrig bleibt. Douceur de vivre – um in diesen Genuss dieser Süßigkeit zu kommen, benötigen wir keine Therapeuten und keine Chiemseekliniken, sondern lediglich unseren Verstand und unser Gefühl. Das sind zwei Größen, die uns mitgegeben worden sind. Mit dem Verstand regeln wir die Balance zwischen dem für die Arbeit Notwendigen und dem für unser Wohlbefinden Unerlässlichen. Das Gefühl sagt uns, wann wir das Handy abschalten, wann wir aus dem Internet gehen und wann wir uns den für unsere Balance wichtigen Ausgleich gönnen sollten. Wir leben in einem Zeitalter der Beschleunigung und der Unübersichtlichkeit. Stress ist ein permanenter Zustand, an den wir uns gewöhnen müssen. Und man braucht kein Augur zu sein, um zu prognostizieren, dass wir in den kommenden Jahrzehnten medial und kommunikativ weit mehr gefordert sein werden, als wir es heute schon sind. Welchen Zustand der Erschöpfung werden wir dann erreicht haben? Und welche psychischen Krankheiten, die wir heute noch als Unpässlichkeiten hinnehmen, werden wir dann vor uns hertragen? Wird Burnout dann vielleicht nur noch eine niedliche Seelenverkühlung sein, an welcher die Großvätergeneration im Biedermeier des frühen 21. Jahrhunderts gelitten hat? Oder wird die Arbeit in der Zukunft nur noch sehr wenigen Menschen zur Verfügung stehen, sodass die große Erschöpfung ein Merkmal der Eliten sein wird?

Oder wird alles ganz anders kommen? Werden wir uns auf unser nahe liegendes Umfeld konzentrieren, werden wir, nachdem die sozialen und wirtschaftlichen Systeme kollabiert sind, alles selbst in die Hand nehmen, Schulen und Kindergärten selbst verwalten, Arbeit selbst schaffen und ausüben? Und werden wir dann wieder zurückfinden zu jener Douceur de vivre, die uns die Tradition des Abendlandes bereithält, weil wir nicht mehr in Abläufen stehen, die uns wesensfremd sind?

Die Welt von Gestern – so heißt das gewaltige Lebensbuch, das Stefan Zweig in der finstersten Zeit des 20. Jahrhunderts im brasilianischen Exil geschrieben hat, wohlgemerkt am Endpunkt einer Epoche, die alles, was Zivilisation und Kultur ausmacht, ins Grauenhafte verzerrt hat. Die Veränderung hat die Menschen aus ihren Bahnen geschleudert, viele heimatlos gemacht, viele in den Tod, einige in den Wahnsinn getrieben. Das ist die große Anklage Zweigs, sein Testament. Aber es ist nur ein Teil davon. Gleich zu Beginn seiner Erzählung erinnert sich Stefan Zweig an seine Kindheitsjahre in Wien, eine paternalistische, von den Konservatismen des Kaiserreichs geprägte Epoche, in der alles und jeder seinen Platz hatte, in der es nur Unverrückbares zu geben schien: »Dieses Gefühl der Sicherheit«, schreibt Stefan Zweig, »war der erstrebenswerte Besitz von Millionen, das gemeinsame Lebensideal. Nur mit dieser Sicherheit galt das Leben als lebenswert, und immer weitere Kreise begehrten ihren Teil an diesem kostbaren Gut.«

Man kann sich ein ganzes Kaleidoskop an Utopien ausdenken, wie unser Leben sich in mittlerer Zukunft gestaltet. Sicher ist jedenfalls, dass sich unsere Lebenswelt und damit unser Verhältnis zu uns selbst dauernd wandelt, und das ist ja auch richtig so. Ob es spannend wird, barbarisch oder beglückend, weiß keiner. Relativ sicher ist jedenfalls, dass man gut daran tut, möglichst erfrischt in die Zukunft zu gehen. Als Ausgebrannter könnte man vermutlich ein hohes Maß an Mitleid erwarten, aber welcher selbstbestimmte Mensch will das schon?